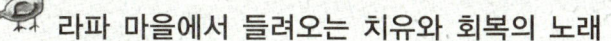

라파 마을에서 들려오는 치유와 회복의 노래

사랑이 희망이다

윤성모 지음

생명의말씀사

사랑이 희망이다

ⓒ 생명의말씀사 2009

2009년 12월 18일 1판 1쇄 발행
2014년 9월 25일   3쇄 발행

펴낸이 | 김재권
펴낸곳 | 생명의말씀사

등록 | 1962. 1. 10. No.300-1962-1
주소 | 서울시 종로구 경희궁1길 5-9(110-062)
전화 | 02)738-6555(본사) · 02)3159-7979(영업)
팩스 | 02)739-3824(본사) · 080-022-8585(영업)

지은이 | 윤성모

기획편집 | 유선영, 김귀옥, 임선희
디자인 | 김혜진, 디자인채이
인쇄 | 영진문원
제본 | 정문바인텍

ISBN 978-89-04-15885-0 (03230)

저작권자의 허락없이 이 책의 일부 또는 전체를
무단 복제, 전재, 발췌하면 저작권법에 의해 처벌을 받습니다.

라파 마을에서 들려오는 치유와 회복의 노래

사랑이 희망이다

When God calls someone and he follows Him God can do much. If the call is something difficult, well beyond the person's reach (expectation), God honors the person's blind trust and does the work Himself.

To reach out to people handicapped by alcohol requires courage, patience, love and long extended care. We have known just a taste of this at Jesus Abbey and observing the A.A. group in our church in Massachusetts, but when I think of Pastor Yoon Sung Mo taking them into his family I realize he is going the "Last Mile" and he will gloriously reap God's action and blessing. The Rapha Community is God's Holy workplace. May there be others daring in this way to build God's Kingdom!

Jane Torrey
Jesus Abbey

하나님께서 한 사람을 부르실 때, 그리고 그가 순종하여 하나님을 따라나설 때 하나님은 그 한 사람을 통해 많은 일을 이루십니다. 만일 그 일이 어려운 일이고, 그 사람의 개인적 기대를 넘어서는, 그 개인의 능력으로 감당키 어려운 일일 때 하나님은 그 사람의 절대적인 순종을 영예롭게 하시며, 친히 그 일을 행하여 주십니다.

알코올로 인한 장애를 가지고 있는 사람들에게 다가가기 위해서는 용기, 고통을 감내하는 인내, 사랑, 그리고 장기적인 돌봄이 요구됩니다. 저희는 예수원에서, 그리고 메사추세츠 주의 우리 교회에 있던 AA그룹을 관찰하면서 알코올 중독자 사역의 아주 작은 부분을 경험할 수 있었습니다. 나는 윤성모 목사님이 알코올 중독자들을 자신의 가족으로 받아들이는 것을 보면서 그가 자기 삶의 전부를 쏟아 붓고 있음을 알게 되었습니다. 이제 하나님의 역사와 축복이 영광 중에 그에게 부어질 것을 믿습니다. 라파공동체는 하나님의 거룩한 역사의 현장입니다. 하나님의 나라를 세우기 위해 이 사역으로 담대하게 나아가는 많은 사역자들이 일어나기를 기원합니다.

예수원에서 현재인 사모

프롤로그

"흑암에 앉은 백성이 큰 빛을 보았고 사망의 땅과 그늘에 앉은 자들에게 빛이 비치었도다"(마 4:16).

이삼십 대 청년의 때에 나는 꿈꾸는 자였습니다. 나는 인간의 가능성을 굳게 믿었고, 자유롭고 정의로운 세상, 평등한 세상을 꿈꿨습니다. 그러나 그 꿈이 이룰 수 없는 꿈이 되었을 때, 나는 삶에 대한 깊은 회의와 좌절을 겪어야 했습니다.

꿈이 없다는 것 자체가 좌절이요 절망이었습니다. 그것은 어둠이었으며 죽음이었습니다. 나는 살아 있으나 죽은 자였습니다. 그리고 그때 나는 내 안에 있는 죄와 악을 미처 보지 못했습니다.

1995년 서른다섯의 여름날. 차갑게 식어버린 내 심령 속으로, 곤고한 심령 속으로 예수 그리스도께서 친히 오셨습니다. "수고하고 무거운 짐 진 자여 내게로 오라!" 오, 그 따뜻한 음성. 내 눈에서 눈물이 왈칵 쏟아졌습니다. 그것이 그리스도와의 첫 만남이었고 뜨거운 만남의 시작이었습니다. 그리스도와의 만남은 내 인생의 혁명이었습니다. 아니 그리스도 그분 자신이 혁명이었습니다. 그것은 듣도 보도 못한 놀라운 사랑의 혁명이었습니다. 예수 그리스도를 만나 나는 사랑을 알았고 사랑을 받았으며 사랑을 배웠습니다. 그분을 만나 비로소 나는 나의 죄로부터 유월하게 되었습니다. 그리고 그분 안에 내가 꿈꿨던 자유, 정의, 평등, 평화가 고스란히 구현되고 있음을 똑똑히 보고 알게 되었습니다. 그리스도 그분은 나의 꿈이 되었고 내 인생의 깃발이 되었습니다. 그분 안에서, 그분을 통해 나는 새롭게 다시 태어났습니다. 그분은 정녕 생명이셨습니다.

1998년 북아프리카 튀니지에서 그분은 내게 새로운 땅 끝을 보여주셨습니다. 내 마음속에 그리스도의 사랑이 미치지 못하는 곳이 내가 가야 할 땅 끝이었습니다. 장애인, 노숙자, 알코올 중독자들, 그들은 내 인생의 계획 속에 없던 사람들이었습니다. 그러나 그들을 돌보고 치유하며 구원하는 일이 그분의 계획 속에는 있었습니다. 당신이 내게 다가오셨던 것처럼 그분은 내가 그들에게 다가가기 원하셨습니다. 그리고 그들에게 당신의 사랑, 당신의 생명을 나누어 주기 원하셨습니다. 나는 그분의 요청을 거부할 수 없었습니다. 그것은 항거할 수 없는 거룩한 부르심이었습니다. 그리고 그 부르심이 나의 십자가, 나의 사역이 되었습니다.

중독 치유 사역의 길은 험난한 고난의 길이었습니다. 그 시간은 그리스도의 남은 고난을 주님의 공동체를 위해 내 육체에 채우는 시간이었습니다. 그러나 그 시간은 또한 그리스도의 고난에 동참하는 특권의 시간이었습니다. 가난한 이웃의 고난에 동참해도 기쁜 법이거늘 하물며 하나님의 고난에 참여하는 기쁨이 어떠했을까요? 그렇게 함으로 나는 나를 살리신 그리스도의 사랑의 빚을 조금이나마 갚으며 살아갈 수 있었습니다.

모든 중독은 사랑의 결핍에서 생긴 병입니다. 버려지고 소외되면 될수록 그 병은 더욱 깊어만 갑니다. 그 결핍은 인간을 통해 주어진 것입니다. 그러므로 그 결핍이 채워지려면 인간 이상의 그 무엇으로부터 오는 압도적인 사랑이 필요합니다. 하나님의 사랑이 필요하다는 뜻입니다. 그 사랑이 중독을 치유합니다. 그러므로 사랑이 희망이 됩니다. 그 사랑 앞으로 나온 이들은 누구나 치유의 희망을 붙잡을 수 있습니다.

이 책이 나올 수 있도록 도움을 주신 많은 분들께 감사의 인사를 드리고 싶습니다. 고통받는 이들을 위한 사역을 시작하는 데 모델이 되어 주신 예수원의 대천덕 신부님과 마더 테레사 수녀님과 장 바니에 형제님에게, 바른 신앙을 알게 하시고 몸에 익히게 해주신 사랑하는 모교회 김현철 목사님과 목산교회 형제 자매님들에게, 중독의 지옥의 늪에서 벗어나 자유와 해방의 소중함을 누림으로 이 글의 소재가 되어준 회복된 형제 자매님들에게, 오늘도 공동체 삶을 통하여 회복의 길을 걷고 있는 형제 자매님들에게, 기도와 재정과 봉사로 하나님의 사랑을 나누어 주신 모든 후원자님들에게, 가장 가까운 곳에서 함께 울고 웃으며 이 사역의 길을 걸어온 사랑하는 아내와 사랑하는 딸에게, 부모님과 가족들에게, 이 사역을 통하여 당신의 사랑과 생명의 빛을 이 어두운 세상 가운데 비추기 원하시는 놀라우신 은혜의 성부 · 성자 · 성령 하나님께, 기쁨으로 추천사를 써 주신 예수원의 재인 사모님과 새로운 원고 집필에 동인이 되어 주신 생명의말씀사 유선영 과장님께 마음을 다해 감사의 인사를 드립니다.

  끝으로 깊은 절망 가운데서 희망을 찾고자 애쓰고 울부짖는 이 땅의 모든 중독자들과 그 가족들에게 희망의 인사를 전합니다.

라파 동산에서 윤 성 모

 목차

추천사 / 4
프롤로그 / 6

1. 땅 끝으로 가라 / 12
2. 순종의 모리아 산을 넘어 / 19
3. 미도극장 아랑드롱의 생애 / 32
4. 모세의 기도, 본회퍼의 기도, 나의 기도 / 49
5. 네가 나의 열매다 / 65
6. 죽은 개만도 못했던 사람 / 73
7. 별을 헤던 아이 / 90
8. 하나님 은혜로 새 삶을 얻은 부부 / 107
9. 5억 주고 산 예수님 / 125

10. 꽃피는 인생, 꿈이 있는 인생 / 141

11. 그가 남긴 메모 / 150

12. 회복은 저절로 주어지지 않는다 / 156

13. 회복의 즐거움 / 171

14. 회복의 꽃, 용서 / 182

15. 거짓 자기, 참 자기 / 197

16. 팔복의 은혜, 팔복의 치유 / 204

17. 공동체와 비전 / 227

18. 땅 끝에서 얻은 축복 / 239

땅 끝으로 가라

"어떻게 이 일을 하시게 되었나요?"

제가 이 사역을 시작한 이래 가장 많이 듣는 질문입니다. 부르심, 즉 소명에 대한 질문일 것입니다. 1999년 어느 날, 한 명의 알코올 중독자가 저희 교회에 나타났습니다. 그리고 그분을 통해 알코올 중독, 그 끔찍한 세계를 경험하게 되었습니다. 술 마신 사람과 가족들이 겪는 참상은 살아 있는 지옥이었습니다. 세상에는 눈이 있어도 보지 못하고 귀가 있어도 듣지 못하는 일이 있는 법입니다. 알코올 중독자라는 말을 들어는 보았지만 그들이 어떤 사람인지 실제로 본 것은 그때가 처음이었습니다. 믿음의 세계에 눈뜨기 전에는 영의 세계가 보이지 않듯 알코올 중독의 세계 역시 그러했습니다. 진짜 알코올 중독자를 보고 나니 중독의 세계와 그 참상이 눈에 들어오기 시작했습니다. 가족들의 울부짖는 소리가 귀에 들려오기 시작했습니다.

그분은 사회에서 매우 성공적으로 사신 분이었습니다. 알코올 중독자가 된 막내를 제외하고는 자식들도 다 잘 자라 사회에서도 제 몫을 다 하고 있었습니다. 그러나 막내아들은 그분의 삶에 오점이 되었고 가슴 깊이 박힌 가시가 되었습니다. 그 아들을 고치기 위해 할 수 있는 모든 일을 했지만 소용이 없었습니다. 결국 은퇴한 노부부가 할 수 있는 일이라고는 아들을 폐쇄 정신병원에 입원시켰다가 때가 되면 퇴원시키고, 또다시 술을 마시고 소동을 피우면 다시 정신병원에 입원시키는 것이 고작이었습니다.

하루는 아들이 다시 술을 마시고 소동을 피우고 있다는 소식을 듣고 그를 병원에 입원시키기 위해 달려갔습니다. 아들은 자기 방에서 커다란 식칼을 앞에 놓고 술을 마시고 있었습니다. 누구든지 자기를 정신병원에 입원시키려고 하면 다 찔러버리겠다는 경고였습니다. 정신병원에 다시 입원하는 것은 죽기보다 싫었습니다. 정신병원에 입원하지 않으려면 술을 끊어야 하지만 그 역시 의지대로 되지 않았습니다. 그는 점점 취해 갔고 노부부는 그가 만취하기만을 기다렸습니다. 그의 방 앞에는 소주가 몇 병 놓여 있었습니다. 늙은 어머니가 이제 아들과 헤어지면 언제 만날지 모르니 먹고 싶은 것이나 마음껏 먹고 가라고 방 앞에 차려 놓은 것이었습니다.

늙은 어머니의 눈에서는 하염없이 눈물만 흐르고 있었습니다. 제대로 몸을 가누지도 못하는 아들은 가끔 방 밖으로 나와 아버지에게 자기를 정신병원에 보내면 다 죽여버리겠다며 엄포를 놓고 다시 자기 방으로 들어가기를 몇 차례 반복하고 있었습니다.

결국 그는 만취 상태가 되어 제 차에 올라탔습니다. 어디로 가는지도 모르면서 술 사준다는 말에 무작정 저를 따라 나섰습니다. 정신병원으로 가던 도중에 잠이 깨자 술을 사 달라고 막무가내로 고집을 부렸습니다. 하는 수 없이 차를 세우고 소주를 사다 주었습니다. 그것을 먹고 그는 다시 잠이 들었고 그렇게 해서 그를 정신병원에 입원시켰습니다.

그를 병원에 두고 나오면서 방금 전에 보고 겪었던 참상이 뇌리를 떠나지 않았습니다. 그런 일들을 여러 차례 경험하면서 '주님, 어찌 이런 삶이 있단 말입니까? 이것이 살아 있는 지옥이 아니고 무엇입니까?'

제 마음속에 그들을 위한 헌신의 마음이 뜨겁게 올라오기 시작했습니다. 그것을 주님의 부르심으로 느꼈습니다. 제 마음속에서 서원의 기도가 하늘로 올려졌습니다.

"하나님, 제가 이 일을 감당하고 싶습니다. 하나님 마음에 합하시다면 길을 열어 주십시오."

하나님은 제 서원을 기쁘게 받아주셨습니다. 그리고 저를 수많은 중독자들 앞으로 인도하셨습니다.

그보다 앞선 1998년 여름 저는 OM 선교회가 주관한 아프리카 단기선교의 현장인 북아프리카 튀니지에 있었습니다. 거기서 사도행전 1장 8절을 묵상하게 되었습니다.

"오직 성령이 너희에게 임하시면 너희가 권능을 받고 예루살렘과 온 유대아 사마리아와 땅 끝까지 이르러 내 증인이 되리라"

한국에서 볼 때 북아프리카 튀니지는 아득한 땅 끝이나 다름없었습니다. 그곳에서 하나님의 복음을 전하는 나의 모습이 참으로 대견하게 느껴졌습니다. 주님께서 저를 이곳 선교사로 불러주신다면 기꺼이 응하겠노라고 기도하기도 했습니다. 주님과 함께하는 삶, 어디라도 불러주신다면 마다하지 않을 것만 같은 자신감이 있었습니다. 주님께서 원하시는 일이라면 못할 일이 전혀 없을 것만 같았습니다.

하지만 그때 주님은 저의 기도에 응답하시지 않았습니다. 그 대신 제 머릿속에 다른 영상이 떠오르게 하셨습니다. 팔다리를 제대로 쓰지 못하는 장애우들, 온몸이 뒤틀려 자기 의사를 제대로 표현하지 못하는 뇌병변 장애우들, 길거리에 쓰러져 있는 노숙자들과 알코올 중독자들의 모습이 순간적으로 제 머리에 떠오르게 하셨습니다.

불길한 예감이 들었습니다. 설마, 하는 생각으로 마음이 초조해졌습니다. 짧은 순간에 일어난 일이었고 제 영혼은 이미 그 영상이 무엇을 의미하는지 알아챘습니다.

'오, 주님 안 됩니다. 그리하시면 안 됩니다. 저를 그곳으로 보내시면 안 됩니다.'

그것은 소리 없는 절규에 가까웠습니다. 아주 짧은 순간의 일들이었지만 저항은 격렬했습니다. 내 뜻도 묻지 않고 하나님께서 이렇게 일방적으로 자신의 뜻을 저에게 관철시킬 수는 없는 것이었습니다. 얼마의 시간이 지나고 제 마음속의 저항은 누그러졌습니다. 주님은 강요하지 않으셨습니다. 다만 주님의 사랑이 필요한 곳을 제게 보여주신 것뿐이었습니다. 그리고 제가 그곳으로 가기를 기대하신 것뿐이었습니다.

그 짧은 순간을 통해 주님은 제 마음속의 어둠을 보게 하셨습니다. 영광의 자리를 탐하는 저의 모습을 드러내 주셨습니다. 하나님의 뜻을 제한하려는 저의 어리석음과 불순종의 마음도 다 드러내셨습니다. 주님이 부르시는 곳이라면 어디든지 가겠노라고 장담하며 달려온 땅, 북아프리카 튀니지에서 저는 제 신앙의 실체와 마주했습니다. 그것은 참담했습니다. 하나님 나라에 가까이 있다고 생각했지만 저는 아직도 멀리 있었습니다.

"잘못했습니다. 주님 뜻에 순종하겠습니다. 가라, 하시면 어디든 가겠습니다. 장애인이든 노숙자든 알코올 중독자든 주님이 가라시면 어디든 가겠습니다."

어떤 사람에게는 땅 끝이 단순한 공간적, 지리적 오지를 의미할지 모릅니다. 그러나 저의 땅 끝은 바로 제 마음속에 있었습니다. 마음속 깊은 곳에 하나님의 통치가 미치지 못하는 땅 끝이 있음을 그때 알았습니다. 땅 끝까지 이르러 내 증인이 되라는 주님의 말씀을 이루기 위해 나는 내 마음의 땅 끝으로 걸어가야 했습니다. 불순종하며 편안한 길을 선택하기보다, 순종하는 고난의 길을 택하기로 했습니다. 결국 튀니지에서 돌아온 저는 곧바로 장애인 선교 단체에 들어갔습니다.

2000년 4월, 저와 아내는 '쉼터 교회'에서 주관하는 십자가 선교 컨퍼런스에 참석했습니다. 기독교 복음의 핵심은 십자가에 있고, 하나님의 선교는 십자가의 원리 위에서 이루어져야 한다는 것이 컨퍼런스의 핵심 주제였습니다. 주님이 지신 십자가가 제 마음속 깊이 들어왔습니다.

튀니지에서 돌아온 직후, 저는 주님이 보여주신 길을 따라 장애인 선교회에 들어갔습니다. 그 사역을 감당하던 중에 한 명의 알코올 중독자를 만났고 알코올 중독의 세계를 알게 되었습니다. 그리고 당시 대전에 있는 한 성공회 신부님으로부터 노숙자 쉼터를 맡아 달라는 제안을 받았습니다. 노숙자들의 절반 이상이 알코올 중독의 문제를 가지고 있으므로 중독 치유 사역에 관심이 있다면 쉼터를 맡아 달라는 것이었습니다. 그분의 간곡한 제안을 뿌리칠 수 없어 아내와 저는 노숙자 쉼터와 그 신부님이 운영하고 있던 자활 기관을 방문했습니다. 가난한 동네, 비좁은 골목 어귀에 쌓여 있던 연탄재 등 칙칙한 풍경들 앞에 아내의 표정은 어두워졌습니다. 그리고 이내 고개를 가로저었습니다.

"나, 대전 안 갈래."

내 마음은 이미 기울었지만 어쩔 수가 없었습니다. 의사 결정에 있어 언제나 저는 빨랐고 아내는 느렸습니다. 그러나 느린 것이 나쁜 것이 아님을 알기에, 또 아내의 동의 없이 이 사역을 감당할 수 없기에 저 역시 아쉬운 마음으로 대전행을 포기했습니다. 그러나 주님은 포기하지 않으셨습니다.

며칠 후 주님은 새벽기도 시간에 제 아내에게 나타나셨습니다. 그리고 제 아내가 늘 "소외된 이웃을 위해 살게 해주세요."라고 기도했던 것이 "네가 가기를 거절했던 대전 땅에서 이루어질 것"임을 알게 해주셨습니다. 새벽기도를 마친 아내는 두 눈이 퉁퉁 부은 채 제게 말했습니다.

"당신이 그렇게 가고 싶으면, 대전 가도 돼."

2000년 5월 8일, 저는 설레는 마음으로 알코올 중독자 치유사역을 위해 대전으로 내려왔습니다. 그곳이 주님께서 내게 가라 하신 땅 끝이었습니다.

2

순종의 모리아 산을 넘어

    2000년 5월에 대전으로 내려와 노숙자 쉼터를 운영하며 알코올 중독자에 대한 치유사역을 시작했습니다. 알코올 중독에 대해 공부하는 한편 열심히 치유사역을 해 나갔습니다. 알코올 중독자들의 마음을 읽기 위해 중독자를 가장하여 그들의 자조모임인 AA 모임에 빠짐없이 출석했고, 이화여대 평생교육원에 개설된 알코올 약물남용자 상담가 과정을 수료하기도 했습니다. 그 외에도 알코올 중독과 관련되어 개설된 세미나란 세미나는 모조리 다 참석했습니다. 당시 제 마음속에 있었던 가장 큰 신념은 "하나님이 고치지 못할 사람은 없다."는 신앙적 신념이었습니다.

    그러나 현실은 참담했습니다. 2000년에서 2002년까지의 3년 동안 노숙자 쉼터를 거쳐 간 100여명이 넘는 알코올 중독자 중 단 한 명만이 단주에 성공했습니다. "하나님이 고치지 못할 사람은 없다"는 신념이 흔들리기 시작했습니다. 즉 하나님이 고치지 못할 사람도 있는 것처럼 생각되었습니다. 하나님은 간절히 고쳐주시기를 원하지만 정작 고침받아야 할 당사자가 응하지 않으면 아무런 치료도 이루어질 수 없다는 것을 알았습니다. 알코올 중독 치료에 대한 치유 공동체 모델이 '데이 탑 빌리지'(Day Top Village : 미국의 마약 중독자 치료 시설)에 의해 국내에 소개되기 시작한 것도 이즈음이었습니다.

2002년 1월, 저는 영국 치유 공동체인 '켄워드 트러스트'(Kenward Trust)를 직접 방문하여 기독교 치유 공동체 모델을 둘러보았습니다. 그리고 제 마음속에는 공동체를 통한 중독 치유라는 치유 공동체 모델이 확고하게 자리 잡게 되었습니다. 말씀과 심리상담치료의 전문성이 결합된 영국의 치료 공동체에서 치유와 회복의 열매가 거두어지고 있음을 분명히 보았기 때문입니다. 영국에서 돌아오는 비행기 속에서, 저는 노숙자 쉼터 사역을 접고 알코올 중독자만을 전문적으로 치유하는 치유 공동체를 세워야겠다는 확고한 결심을 굳혔습니다. 노숙자를 돌보는 일과 알코올 중독자를 치유하는 일을 병행하는 것은 너무도 벅찬 일이었기 때문입니다. 새로 설립될 치유 공동체의 이름은 바로 '라파공동체'였습니다.

믿음의 선교를 시작하며

새로 시작하는 치유 공동체 사역은 철저하게 믿음의 사역이 되어야 한다는 것이 저의 신념이었습니다. 제게 믿음이 생긴 이후 늘 도전이 되었던 분들은 조지 뮬러와 같은 신앙의 선배들이었습니다. 아무것도 없이 오직 주님만을 믿고 의지하면서 해외 선교를 떠난 믿음의 선교사들이었습니다. 조지 뮬러가 고아원을 운영할 때 끼니가 떨어져 아이들과 함께 "우리 양식이 떨어졌다고 하나님께 기도하자꾸나" 하며 기도했더니 문 밖에 누군가가 양식을 사다 놓고 갔다는 이야기, 해외 선교를 나가면서 아무것도 없이 주님의 부르심에 순종했더니 하나님께서 필요한 모든 것을 풍성히 공급해 주셨다는 이야기, 대천덕 신부님이 예수원을 개척할 때 사람에게는 손 벌리지 않고 오직 하나님께만 기도하기로 작정하시고 그대로 했더니 하나님께서 어김없이 모든 필요를 채워주셨다는 이야기 등은 늘 제 신앙의 도전이었고 따라야 할 모범이었습니다. 그리고 이제 그 시험의 때가 제 앞에 닥쳐왔습니다.

새로 설립할 라파공동체를 정부의 예산 지원을 받는 사회복지기관으로 세워나갈지, 아니면 오직 하나님의 도우심만으로 세워가는 믿음의 선교 기관이 될지를 결정해야 했습니다. 제 마음은 믿음의 선교 기관을 세워가고 싶었지만 제 손은 정부 예산을 받을 요량으로 보건복지부에 제출할 신청서를 쓰고 있었습니다. 두려움이 믿음을 이겼고 저는 양다리 걸치는 믿음을 소유하고 있었습니다. 서류가 통과되고 보건복지부의 실사를 받으면서 저는 정부 예산을 받게 되리라고 확신했습니다. 하나님께서 제 부족한 믿음을 받아주셔서 긍휼을 베풀어주시리라 믿었습니다. 그러나 최종 심사 결정 과정에서 탈락하여 정부 예산을 배정받지 못하게 되었습니다. 눈앞이 캄캄했습니다. 어찌해야 할지 막막하기만 했습니다. 그러나 기도 가운데 그것이 하나님의 뜻이라는 생각이 들었습니다.

"또 여호와를 기뻐하라 그가 네 마음의 소원을 네게 이루어 주시리로다"(시편 37:4).

하나님께서 오히려 이 사건을 통해 제 마음의 소원을 이루어 주시려 한다는 통쾌한 반전이 제 마음속에서 일어났습니다. 하나님은 이미 제 마음속에 믿음의 선교에 대한 소원을 주셨습니다. 그러므로 저는 세상에 의지하고, 정부에 의지해 이 사역을 감당하는 대신 오직 하나님만을 의지하며 하나님께서 내 마음에 이미 심어 놓으신 그 소원을 따라가기만 하면 되는 것이었습니다.

네 딸을 내게 바쳐라

그러나 생활에 대한 염려와 불안, 두려움은 참으로 끈질겼습니다. 그리고 그것들은 제 딸에게 집중되기 시작했습니다. 제 딸은 당시 중학교 2학년이었고 사춘기를 막 겪고 있었습니다. 그리고 평신도 사역으로 중독 치유사역을 시작한 저는 목회자로 부르심을 받고 신학대학원 2학년에 재학 중이었습니다.

"아빠, 꼭 이런 일 해야 돼? 다른 일하면 안 돼?"

그 당시 저와 저의 사역에 대한 딸의 항변이었습니다. 그 말이 늘 제 마음에 걸렸습니다. 아내와 저는 주님의 부르심을 받았습니다. 그리고 우리의 믿음과 자발적 의지에 따라 이 길을 걸어왔습니다. 그러나 아직 어린 딸에게는 이 모든 일들이 부당하고 불편하게 여겨졌습니다. 아빠가 걸어가는 길을 딸은 동의하지 않았습니다. 딸에게는 아빠가 다른 일, 즉 돈도 더 잘 벌고 편하게 사는 일을 했으면 하는 바람이 있었습니다. 가난이 싫고, 늦은 밤 불쑥불쑥 담장을 넘어와 식구들을 놀라게 하는 알코올 중독자 아저씨들이 싫었습니다. 등굣길이나 하굣길에, 아빠에게 치료를 받고 있던 아저씨들이 재발하여 만취한 채 추한 모습으로 길거리에 쓰러져 있는 모습이 너무도 보기 싫었습니다.

얼마 전 이사를 하면서 딸아이가 초등학교 6학년 때 쓴 일기장을 발견했습니다. 거기에는 이렇게 쓰여 있었습니다.

"오늘은 올해의 마지막 날이다.

아빠는 쉼터에 가셨다.

쉼터 아저씨들하고 새해 계획을 짠대나 어쩐대나.

엄마하고 나하고는 집에 있다."

이삿짐을 싸다가 아내와 한바탕 웃었습니다. 그러나 당시 딸의 소외된 마음, 쉼터 아저씨들에게 아빠를 빼앗긴 딸의 마음을 생각하니 코끝이 찡했습니다.

아무튼, 새 사역을 시작하려니 딸이 자꾸만 눈에 밟혔습니다. 극한 가난 때문에 등록금도 제때 내지 못해 울고 있을 딸의 모습이 자꾸 떠올랐습니다. "아빠는 왜 이딴 일을 시작해서 나를 고생시키냐"며 원망의 눈으로 아빠를 바라보는 딸의 눈망울이 뇌리를 떠나지 않았습니다.

"주님, 저와 아내는 아무래도 좋습니다. 저희가 스스로 결정하고 결단한 길이니 어떤 고생이 기다리더라도 개의치 않겠습니다. 하지만 딸은 다르지 않습니까? 우리가 걸어가는 이 길은 그 아이가 자기의 믿음으로 선택한 길이 아니지 않습니까? 그러니 주님께서 보장해 주셔야 합니다. 제 딸아이가 경제적으로 고통 받지 않도록 해주시겠다는 확실한 약속을 해주셔야 합니다. 그 약속이 있어야 제가 이 길을 걸어가겠습니다. 아니면 저는 이 길을 걷지 못하겠습니다. 그러니 이에 대한 표징을 주십시오."

얼마나 간절히 기도했는지 모릅니다. 그러나 주님은 묵묵부답이셨습니다. 저도 기드온의 양털을 생각하며 버텼습니다. 그러던 어느 날, 주님께서 모리아 산에서 이삭을 바치는 아브라함의 모습을 떠올려 주셨습니다. 그리고 이내 그 영상은 "네 딸을 내게 바치라!"는 하나님의 음성이 되어 제 귀에 들려왔습니다. 아브라함이 이삭을 제물로 바치려 할 때 화급히 나타나신 하나님께서 "이제야 네가 나를 제대로 믿고 경외하는 줄을 내가 알겠노라" 하신 성경 말씀이 떠올랐습니다. 아아, 하나님께서는 이 사역의 제단에 제 딸이 바쳐지기를 강권하시고 계셨습니다. 수천 년 전 아브라함에게 나타나셔서 100세에 얻은 금쪽같은 아들을 제물로 바치라 하셨던 그 하나님께서 내게도 동일한 것을 요구하고 계셨습니다. 이삭을 바친 아브라함의 이야기는 그저 막연한 전설이 아니었습니다. 그것은 살아계신 하나님께서 오늘도 믿는 사람들에게 요구하시는 믿음의 시험이었습니다. 딸을 생각하면 저항하고 싶었지만 언제나 이기는 것은 하나님이셨습니다. 결국 저는 울며 떨리는 마음으로 제 딸을 하나님께 바칠 수밖에 없었습니다.

"하나님, 알겠습니다. 아브라함이 이삭을 제물로 바친 것처럼 저도 제 딸을 주님께 바치겠습니다. 이 사역을 위해 제 딸이 제물이 되어야 한다면 그렇게 하겠습니다. 하나님의 뜻을 다 이해할 수는 없지만 제 딸에 대한 특권을 주장하지는 않겠습니다. 제 딸이 아빠의 사역으로 인해 많은 고통을 겪어야 한다면 그것을 감수

하겠습니다. 딸과 함께 이 사역의 길을 걸어가겠습니다. 이 사역으로 인해 주어지는 고난을 함께 견디며 나아가겠습니다. 다만 주님의 자비와 긍휼이 제 딸과 함께 하시기만을 간절히 기도합니다."

그렇게 주님 앞에 순종의 기도를 올린 저는 딸에게 이러한 사실을 알려야 했습니다. 그러나 그 과정은 참으로 고통스러웠습니다. 모리아 산으로 제사를 드리러 가기 위해 이삭을 데리고 나섰던 아브라함의 심정이 어떠했을지 짐작되었습니다. 모리아 산으로 가는 길에 "아버님, 그런데 제사에 쓸 제물은 어디에 있나요?"라고 아들 이삭이 물었을 때 아빠인 아브라함의 심정은 얼마나 침통했을까요. 저 역시 아빠의 결정 때문에 딸이 많은 경제적 고통을 당해야 한다는 것을 어떻게 말해야 할지 몰랐습니다. 행여 딸이 "왜 내가 아빠 일 때문에 고통을 겪어야 해요?"라고 말하면 나는 뭐라고 말해야 한단 말입니까? "하나님이 너를 제물로 바치래." 이렇게 말할 수는 없는 것 아닙니까? 저는 몇날 며칠을 고민했습니다. 방법은 솔직하게 제 마음을 전하는 것밖에 없었습니다. 그렇게 마음의 결심을 굳힌 어느 날, 딸을 제 차에 태우고 한적한 곳으로 나가 차를 세웠습니다. 그리고 준비한 말을 차근차근 딸에게 해주었습니다.

"지희야 지금부터 아빠가 하는 말 잘 들어. 그리고 아빠가 지희에게 부탁하는 것을 잘 들어줬으면 좋겠어. 아빠가 이제 노숙자 쉼터를 그만두고 알코올 중독자 아저씨들을 전문적으로 치료하는 치료 공동체를 세우려고 해. 그것 때문에 얼마 전에 영국에 갔다 온 거 알고 있지? 그런데 문제가 있어. 아빠는 그 일을 오직 하나님께 기도하여, 즉 사람들에게 손 내밀지 않고 믿음으로 세워나가고 싶어. 전에 노숙자 쉼터는 정부 예산을 보조받았기 때문에 조금의 월급이라도 받을 수 있었지만 이제부터는 아니야. 극심한 가난이 우리를 기다리고 있다고 생각해야 할 거야. 그렇지만 엄마 아빠는 이 일을 하고 싶어. 그것이 하나님의 뜻인 것을 알고 있기 때문이야. 그리고 믿음으로 이 길을 걸어가고 싶어. 그런데 너는 네가 선택한 일이 아니지만 엄마 아빠 때문에 원치 않는 경제적 고통을 겪게 될지도 몰라. 그게 너한테 몹시 미안해. 그렇지만 아빠는 지희가 아빠의 이 일에 동참해 줬으면 좋겠어. 이 고난을 함께 이겨 나갔으면 좋겠어."

그렇게 간절히 말하며 딸애의 답을 기다렸습니다.

"그래. 알았어. 아빠 맘대로 해."

너무 쉬운 대답이었습니다. 당황한 것은 오히려 내 쪽이었습니다. 그래서

"지희야 네가 잘 이해하지 못하나 본데 아빠가 다시 한 번 얘기해 줄 테니까 잘 들어 봐. 그리고 잘 생각해보고 대답해줘."

하면서 앞에 한 말을 더 자세히 설명해 주었습니다. 그리고 딸애의 대답을 기다렸습니다.

"글쎄 알았다니까. 알았으니까 아빠 맘대로 하시라니까요."

몇날 며칠을 끙끙대며 고민했던 것이 딸의 이 한마디에 모조리 날아갔습니다. 제 입에서 가벼운 웃음꽃이 피어났습니다. 오오, 여호와 이레의 하나님께서 이미 제 딸애의 마음을 다 준비시켜 놓으셨던 것입니다. 모리아 산에서 쓰일 제물로 이미 하나님께서 이삭 대신 정결한 숫양을 준비하셨던 것처럼 하나님께서는 제 딸애의 마음을 준비시켜 놓으셨습니다. 그러므로 저는 다만 주님의 인도하심에 순종만 하면 되었습니다.

그때 저는 믿음의 선교를 전진시켜 나가는 데 장애가 되는 것은 바로 내 마음속의 두려움이라는 것을 알았습니다. 하나님께서 이미 예비하시고 준비해놓으신 길이라도 내 마음이 두려움에 사로잡힐 때 한 발짝도 나아갈 수 없음을 그때 알았습니다.

내가 정작 두려워한 것은 딸애가 겪을 경제적 고통보다도 딸애로부터 무능한 아빠, 능력 없는 목회자라는 평가를 받을지 모른다는 사실이었습니다. 내 마음속에는 여전히 능력 있는 목회자, 유능하고 성공한 목회자, 그래서 딸을 고생시키지 않는 목회자가 되려는 불순한 의도가 잠재되어 있었습니다. 모든 선교, 모든 목회가 하나님의 것이며, 하나님 중심적인 것임을 잊고 있었던 것입니다. 내 능력의 많고 적음에 달려 있는 것이 아님을 잊고 있었던 것입니다. 알량한 자존심을 여전히 버리고 있지 못했던 것입니다. 문제는 내 안에 있었지, 하나님에게도, 내 딸에게도 아무 문제가 없었습니다.

 이 사역을 위해 주님은 내게 가장 소중한 딸을 내어놓으라고 하셨습니다. 그것이 주님이 행하신 시험이었습니다. 그 시험을 통해 주님이 보기 원하신 것은 저의 믿음이었습니다. 주님은 제 자신이 온전히 바쳐지기를 원하셨던 것입니다. 이와 같이 주님의 사역을 감당하기 위해 저는 순종의 모리아 산을 넘어야 했습니다.

 그런 믿음의 연단 과정을 통해 마침내 2002년 4월 1일, 알코올 중독 치유 공동체인 라파공동체가 창립되었습니다. 우리는 사람에게 손 벌리지 않고 오직 하나님께만 기도하며 우리의 어려움을 알렸습니다. 신실하신 하나님께서는 언제나 우리의 기도에 응답해 주셨습니다. 우리는 여전히 가난하지만 큰 부족함을 모르며 살아왔습니다. 하나님의 도우심으로 딸아이가 등록금이 없어 울고불고 하는 고통을 겪지도 않았습니다.

 여호와 이레의 하나님, 신실하신 주님을 찬양합니다.

딸의 눈물

 그때로부터 여러 해가 지났습니다. 어느새 대학교 1학년이 된 딸아이가 우연히 단주 파티에 참석하게 되었습니다. 그리고 그 자리에서 저를 울렸습니다. 아니, 그 자리에 참석한 우리 모두를 울렸습니다.

  J형제님의 사회로 진행된 7월의 단주 파티 마지막 순서에서 J형제님이 저희 딸 지희에게 단주 파티에 참석하고 느낀 소감을 말해 달라고 부탁했습니다.

  "안녕하세요, 저는 윤지희입니다."

  생글생글 웃으며 자기소개를 한 딸아이가 굵은 눈물방울을 흘리기 시작한 것은 자기소개를 한 지 몇 초도 되지 않아서였습니다.

  "그동안 저는 공동체의 형제님들을 대하는 것이 편치 않았어요. 어떤 때는 엄마 아빠를 생각해서 억지 웃음을 지은 적도 많았답니다. 저는 중독자 아저씨들이 미웠어요. 형제님들이 술 마시고 밤늦게 아빠한테 전화해서 엄마 아빠를 괴롭히는 것이 싫었습니다. 평소에는 '공동체가 너무 좋고 목사님도 너무 좋다'고 하다가 술 마시면 금방 돌아서서 배신하고 엄마 아빠를 괴롭히는 것도 너무 싫었습니다."

  가슴속 깊이 묻어두었던 딸아이의 눈물 가득한 이야기였습니다.

  "그런데 오늘 여러 형제님들이 이렇게 술을 끊고 엄마 아빠를 도와주며 행복하게 사시는 것을 보니 너무 기쁩니다. 앞으로는 억지로 웃는 모습 보이지 않을 것 같아서 너무 좋습니다. 형제님들, 앞으로 우리 엄마 아빠 배신하지 마시고 행복하게 사셨으면 좋겠습니다. 다들 행복하세요."

  소감을 마치는 딸의 눈가에 기쁨과 행복이 가득 고여 있었습니다.

딸의 이야기를 들으며 저도 울었습니다. 형제들에게 배신당하는 쓰라린 상처를 입었을 때, 저 혼자만 상처를 입은 줄 알았습니다. 그러나 그것을 지켜보던 딸아이도 같은 상처를 입고 있다는 것을 그제야 알았습니다. 우리는 천생 가족이었고 같이 고통을 느끼고 있었습니다. 아빠 엄마의 고통을 지켜보며 딸아이도 남몰래 그 고통을 감내했다고 생각하니 마음이 아팠습니다.

하지만 그날, 마침내 제 딸아이는 마음속 깊은 곳에 있던 원망과 미움의 감정을 눈물과 함께 다 씻어버렸습니다.

딸아이가 이렇게 자기의 속마음을 고백할 수 있도록 2년, 3년, 4년, 5년 단주하면서 공동체의 든든한 보루가 되어주시는 단주 회복 중인 형제님들이 너무 자랑스러웠습니다. 그리고 딸아이의 마음속에 자칫 쓴뿌리로 남아 있을 법한 상처들을 말끔히 씻어주신 성령님께 참으로 감사했습니다.

"주님, 제 딸 지희에게 세상의 버려지고 소외된 영혼들, 연약한 영혼들을 향한 사랑과 긍휼의 마음이 더욱 차고 넘치도록 도와주세요."

미도극장 아랑드롱의 생애

지금도 제 마음에 불씨처럼 남아 있는, 소천하신 이수영 (가명) 형제님의 이야기입니다. '미도극장 아랑드롱의 생애', 그분의 삶을 생각하며 붙여본 제목입니다. 그분의 인생 자체가 한 편의 영화와 같다는 생각이 들었기 때문입니다. 헐리우드 키드의 생애라는 소설 제목이 떠올랐기 때문인지도 모르겠습니다. 아니 그보다 더 분명한 것은, 그분의 누이가 그분의 젊은 날을 회상하며 당시 그의 별명이 '미도극장 아랑드롱' 이었다고 가르쳐 주었기 때문일 것입니다. 지금도 서울 삼양동에 미도극장이 남아있는지 궁금합니다. 설령 미도극장이 사라졌다 할지라도 그 앞을 지날 때마다 아마 저는 '미도극장 아랑드롱' 의 생애를 떠올리게 될 것입니다. 그리고 그분과 함께했던 시절을 회상하게 될 것입니다.

 그분을 마지막으로 본 것은 그분의 죽음이 있기 바로 전날이었습니다. 학교에 가려고 막 나서던 차에 그가 아침부터 술을 마시고 라파공동체에 들어와 있다는 말을 듣고 한걸음에 달려가 그를 내쫓으면서 본 그의 모습이 바로 '미도극장 아랑드롱'의 모습이었습니다. 술 마신 상태로는 다시는 이 집에 나타나지 말라고 호통 치는 제 앞에서 그분은 묵묵히 일어나 밖으로 나갔습니다. 알코올 중독으로 인해 하반신 말초신경 장애가 극심했던 그분은 휘청거리는 걸음으로 자기의 갈 길 — 갈 곳도 없고 오라는 곳도 없는 길 — 을 걸어갔습니다. 그분은 평소 즐겨 입던 가죽잠바와 다소 몸에 들러붙는 품이 좁은 바지를 입고 있었습니다. 그리고 두 손은 바지 주머니에 깊숙이 넣고, 어깨를 세우며 힘을 준 채, 겨울의 초엽에서, 그것도 이른 아침에 선글라스를 낀 모습으로 비틀거리며 어디론가 제 갈 길을 걸어가고 있었습니다. 그 모습을 바라보자니 갑자기 울화가 치밀었습니다. 제가 가장 싫어하는 모습, 즉 알코올 중독자들이 술 마신 상태가 되면 뚜렷이 드러내는 한물간 양아치의 모습이었기 때문입니다. 지난 2년 3개월 동안 수고한 결과가 저 모습인가, 생각하니 속에서 자조와 분노의 감정이 일렁거렸습니다.

 그런 그의 마지막 모습이 열다섯 살에 가출하여 유행 따라 한껏 멋을 내며 살았던, 미도극장 기도시절의 모습이라는 것을 나중에 그의 누이의 증언을 통해 알게 되었습니다. 결국 2002년 11월 10일. 그분은 46세를 일기로 세상을 떠났습니다.

첫째날.
여느 때와 다름없이 아내와 저는 새벽기도를 위해 라파공동체 대문을 들어섰습니다. 철제 대문에 열쇠를 꽂고 대문을 미는데 문이 잘 밀리지 않았습니다. 의아한 마음으로 고개를 들어 대문 위를 보니 그분의 머리가 나와 있는 것이 보였습니다. '또 술 마시고 아침부터 찾아왔구나' 하는 생각에 "뭐예요, 형제님!" 하고 그를 불렀습니다. '새벽기도에 술 마시고 나오시지 말라 그랬죠!' 하고 핀잔을 줄 요량이었습니다. 그러나 곧 그럴 상황이 아님을 알아차릴 수 있었습니다. 그 짧은 순간, 이미 제 발은 대문을 밀치고 안채로 뛰어 들어가고 있었습니다.
"119, 119… 112, 112에 전화하세요."
그분은 2m 남짓한 철제 대문 위 좁은 틈 사이에 끼어 목이 꺾인 채로 몸과 팔, 다리를 대문 안쪽으로 늘어뜨린 채 숨져 있었습니다. 술 취한 상태에서 한밤중에 대문을 넘어서려다가 참변을 당한 것이었습니다. 경찰차가 오고 형사들, 의사, 병원 영안실 차량이 몰려오기 시작했습니다. 날은 밝아 오는데 시신은 여전히 대문 위에 걸려 있고, 동네 사람들이 하나 둘 그 광경을 지켜보는 가운데 제 마음속에는 그분의 죽음 자체보다 앞으로 이 동네에서 겪게 될

눈총과 핍박에 대한 두려움이 차오르고 있었습니다. 동네 사람들로부터 이미 '인간 같지 않은 것들이 사는 집'이라는 비난을 들은 적이 있기에 장차 받게 될 고난과 핍박이 마냥 두렵기만 했습니다.

경찰서에 가서 조서를 꾸미고 세 시간 정도 지나 집으로 돌아왔습니다. 사건 현장이 그대로 보존되었고 타살이나 자살의 흔적보다는 사고사의 흔적이 뚜렷했기 때문에 조서는 비교적 쉽게 작성할 수 있었습니다. 2년 전 노숙자 쉼터를 맡고 있을 때 변사 사건을 겪어본 것이 큰 도움이 되었습니다. 동네 사람들 시선이 두려워 임의로 시신을 내려놓기라도 했다면 사건이 크게 확대되었을지도 모릅니다. 아무리 술에 취해 있었다 해도 대문 위에서 그런 모습으로 사망하기란 흉내 내기조차 쉽지 않은, 참으로 기괴한 죽음이었기 때문입니다. 파출소에서 조서를 꾸미는 동안 시신은 병원 영안실로 안치되었고, 현장에 출동한 경찰과 의사는 단순 사고사로 결론을 내렸습니다.

집에 돌아와 보니 아내는 의외로 담담했습니다. 사실 지난 4-5개월간 그분과 가장 많은 시간을 보낸 것은 아내였습니다. 그분을 생각하며 간간이 울기도 했지만 아내는 대체로 침착한 모습이었고 무엇보다 그분이 천국에 가셨을 것이라는 점을 확신하고 있었습니다.

새벽의 충격에서 벗어나 이제 사태를 수습해야 한다는 생각이 들었습니다. 어디서부터 무엇을 어떻게 해야 할지 막막하기만 했습니다. 시신을 가족에게 인계해야 사건이 종결된다면서 경찰서에서는 그분의 가족들에게 꼭 연락할 것을 부탁했습니다. 경찰 자료에 가족들의 연락처가 나와 있지 않았기 때문입니다.

6개월 전, 고인이 가장 그리워하던 큰누나에게 전화했던 적이 있습니다. 그때는 그분이 살아 있었고 단주의 삶에 대한 희망이 새록새록 샘솟기 시작할 때였습니다. 저도 한껏 기대에 부풀어 누이의 전화번호를 가까스로 찾아내 전화 통화를 시도하게 되었습니다. 경계의 목소리, 동생을 만나는 것에 대한 두려움이 전화선을 통해 전해졌습니다. 시간이 되시면 동생을 한번 찾아와 주시거나 아니면 제가 동생 분과 함께 누이 집을 방문하겠노라는 제안도 차갑게 거절되었습니다. "우리는 그 아이를 잊었으니 저만 잘 살아주면 더 바랄 게 없다. 더 이상 우리를 찾지 말아 달라"는 말과 함께 전화가 끊겼습니다. 버려진 알코올 중독자들의 가족들과 전화하는 것이 힘든 것은 그들이 살아 있을 때나 아닐 때나 마찬가지입니다. 그분의 사망 소식을 전하자 전화통에서 참으로 깊고 깊은 한숨 소리가 들려왔습니다. 그분과 가족들이 겪었을 30년 풍상의 무게가 한순간의 신음으로 농축돼 있었습니다. 살아서는 만나지 않겠다던 누이가 오겠다며 전화를 끊었습니다.

소식을 듣고 이애자 자매님이 달려 오셨습니다. 올해 55세 된 이애자 자매님은 저와 우리 공동체의 기도 후원자이실 뿐 아니라 저의 영적 멘토이십니다. 자매님의 얼굴을 보면서 처음으로 눈물을 흘렸습니다. 이 사태를 어떻게 해결해야 할지 모두 다 제 얼굴만 쳐다보고 있는 상황에서 그분의 얼굴을 보니 저도 모르게 눈물이 나왔습니다. 오후가 되자 학교 동기들 몇 명과 지도 교수님이 소식을 듣고 달려와 주셨습니다. 혹시 일이 잘못되어 사회 사건으로 비화되지는 않을까 걱정되셨던 것입니다. 하나님께서 즐겨 사용하시는 위로의 수단이 바로 '사람' 임을 또 한 번 느낄 수 있었습니다. 그분들과 함께 고인이 남긴 마지막 글을 읽으며 함께 울었습니다. 그러는 가운데 저와 우리 라파공동체 가족들 사이에 위로가 넘쳤고 주님께서 주시는 평강이 자리 잡기 시작했습니다.

  저녁이 되자 고인의 가족들 — 큰누나(55세)와 여조카(21세) — 이 나타났습니다. 큰누나는 죄송하다는 말만 연신 되풀이하면서 눈물을 흘렸습니다. 평강을 되찾은 우리들은 그분들을 편안히 대할 수 있었습니다. 우리는 간단히 사건의 경위를 말씀드렸고, 우리가 그분과 함께 살았던 2년 3개월간의 기억들에 대해 이야기했습니다. 우리가 기억하고 있는 그분과 누님이 기억하고 있는 그분의 모습은 참으로 달랐습니다. 누님에게는 술 취한 망나니의 모습이 남아 있었지만 우리에게는 술을 끊기 위해 안간힘을 쓰며 주님을 마음속에 모셔 들이고 경건한 삶을 살기 위해 애쓰던 모습이 남아 있었습니다. 그날 저녁 큰누님과 우리들은 고인에 대해 전혀 다른 이미지를 가지고 대화했고, 누님은 우리의 말을 믿을 수 없다는 표정으로 듣고 있었습니다. 가족들과 함께 우리는 장례 일정에 대해 의견을 나눈 뒤 이튿날 아침 일찍 빈소를 차리기로 하고 헤어졌습니다. 헤어지면서 저는 고인이 지난 2년 동안 써왔던 네 권의 단주일기 노트를 전해 주었습니다. 그날 저녁 늦게 C형제님의 형님이 라파공동체로 조문을 오셨습니다. 마음을 다해 우리를 후원해 주시는 첫 번째 후원자이십니다. 그분의 조문이 우리에게 얼마나 큰 위로가 되었는지 모릅니다. C형제님이 집을 가출하여 소식이 없을 때 가족들이 겪었던 고통들, 사망 소식을 듣게 되지는 않을까 걱정하며 기다릴 때의 두려움 등 알코올 중독자 가족들이 겪고 있는 고통을 생생하게 들을 수 있었습니다.

둘째날.
아침 일찍부터 우리는 장례 준비를 위해 서둘렀습니다. 누님을 파출소로 안내해 가족 조서를 꾸미게 하고 저는 장례식장으로 가서 계약을 하고 빈소를 꾸몄습니다. 검시관을 찾아가 사망 진단서를 떼고, 동사무소에 들러 사망 신고도 했습니다. 그리고 빈소로 돌아오니 어느덧 오전 시간이 다 지나고 있었습니다. 장례 절차에 대해 이수영 형제님께서 출석하던 지역 교회와 협의를 했습니다. 입관 예배는 그 교회 전도사님께서 맡아주시고 나머지 절차 및 예배는 제가 주관하기로 했습니다. 빈소를 지키는 사람들이래야 우리 공동체 식구들 다섯 명과 두 명의 가족이 전부였습니다.
입관 예배가 시작되기 전 그분의 누님이 파출소에서 조서를 꾸

밀 때의 심정에 대해 들려주었습니다. 제가 파출소를 나간 뒤 그녀가 경찰들에게 한 첫마디는 "내 동생의 죽음을 확신할 수 있는 자료를 내놓으라."는 것이었습니다. 어제 저녁과 오늘 아침에 우리 공동체를 방문하고서도 누님은 동생이 죽었다는 사실을 도저히 받아들일 수가 없었습니다. 그래서 그녀는 동생이 누군가에게 맞아죽었을 것이라는 의혹을 떨쳐버리지 못하고 누가 범인일까를 생각하며 밤을 지새웠습니다. 심지어 그녀는 우리들 한 사람 한 사람의 특징과 인상에 대해 — 제 손이 건조하고 쪼글쪼글한 것에서부터 오른쪽 눈동자의 검은자위가 흰자위에 의해 침식된 것까지 — 꼼꼼히 살펴보았다고 했습니다. 그러나 경찰이 내놓은 현장 사진과 장의사들이 찍어 놓은 사진들을 보면서 비로소 사고사임을 인정하게 되었습니다.

그 이야기를 들으면서 저는 모골이 송연해짐을 느꼈습니다. 등 뒤로 서늘한 바람이 불어오는 것 같았습니다. 감사를 표현하는 얼굴 뒤에 저런 의혹과 불신이 감추어져 있었다고 생각하니 사람이 무섭다는 생각마저 들었습니다.

그분은 저에 대해서도 도저히 이해할 수가 없다고 했습니다. 목사도 아니고 전도사도 아니고 교회가 있는 것도 아닌데 신학생이라는 사람이 왜, 무엇 때문에 이런 일을 하고 있는 건지, 무엇 때문에 가족들조차 버린 자기 동생을 데려다가 2년 3개월 동안이나 함께 생활해 온 건지 도저히 이해할 수가 없었다는 것입니다. 그러나 동생의 죽음에 대한 의혹이 가시고 난 지금은 모든 것이 다 이해되고 받아들여지며 동생의 일기가 다 사실이라는 생각을 갖게 되었다고 했습니다. 그러면서 제가 아무런 사심 없이 이 일을 행하고 있음을 인정하게 되었고 저를 가리켜 진짜 '사이비 목사'라고 말씀하셨습니다. 휴우-, 하는 안도의 한숨이 소리 없이 흘러나왔습니다. '하나님 감사합니다.'라는 고백이 저절로 우러나왔습니다.

입관 예배에 앞서 가족들을 대표해 입관을 지켜 본 누님이 빈소로 돌아와 눈물을 흘리며 말했습니다. "우리 수영이가 저렇게 고운 옷을 입고 내 앞에 나타난 것이 얼마만인지 모르겠어요. 얼굴이 정말 편안하더군요." 오후에 지역 교회 전도사님과 몇몇 교인들이 오셔서 함께 입관 예배를 드렸습니다. 어려울 때 함께해 주시는 분들이 있다는 것이 얼마나 감사한 일인지 모릅니다. 그 시간 이후 빈소를 지키는 우리의 마음은 한결 밝아졌습니다. 단주한 지 2년 8개월째에 접어들었고, 지역 교회에서 서리집사로 추천받아 열심히 교회 생활 하고 있는 C형제님도 얼마나 큰 역할을 감당해 주셨는지 모릅니다. 집사님이 저희 공동체는 물론 고인과 관계가 있던 분들에게 일일이 연락을 해주신 덕분에 20여명에 이르는 분들이 조문을 오시기도 했습니다. 그 중 절반은 저와 함께 노숙자 쉼터에서 생활하셨던 분들이고 나머지 분들은 지역 교회의 남·여전도회 분들이었습니다.

C형제님에게 빈소를 맡기고 저는 다음 날 있을 예배를 준비하기 위해 집으로 돌아왔습니다. 발인 예배, 하관 예배, 안장 예배에서 전할 말씀을 준비하다 보니 자연스럽게 고인과 지내왔던 지난 2년 3개월간의 시간이 고스란히 되살아나기 시작했습니다. 그 기간 중 4-5차례의 재발이 있었고 그때마다 한두 달씩 정신병원 신세를 져야 했지만 더 많은 시간들을 고인은 맑은 정신으로 살아왔습니다. 함께 지내는 시간이 길어질수록 그분의 단주 기간도 한 달에서 두 달, 석 달, 넉 달로 점차 늘어났습니다. 그러나 이미 알코올 중독 말기 상태에 있던 그분의 몸과 뇌의 기능은 급격히 감퇴하고 손상되어 있었습니다. 담당 주치의도 그분의 마지막이 다가오고 있음을 염려하고 있을 정도였습니다.

그분이 마지막으로 재발한 것은 그가 그렇게 바라던 '침례'를 받은 다음 주였습니다. 재발과 동시에 즉각 병원에 입원했지만 그의 정신적 상태는 더욱 악화되었습니다. 그리고 마침내 그 사건이 있기 나흘 전, 막무가내로 병원을 나와 다시 음주의 나락으로 빠져들었습니다. 수많은 노숙자 알코올 중독자들이 저를 거쳐 갔습니다. 그러나 그분은 제 곁을 지난 2년 3개월간 한 번도 떠난 적이 없었습니다. 맑은 정신으로 지낸 날들이 많았기에 우리는 많은 기억을 공유할 수 있었습니다. 그분이 좋아했던 성경말씀, 은혜 받았던 순간들, 평소 즐겨 부르시던 찬송가, 그리고 함께 진행했던 숱한 프로그램 등등… 너무나 많은 기억들이 되살아나서 잠이 오지 않았습니다. 그 추억들을 어떻게 고인의 가족에게 전해야 할지 엄두가 나지 않았습니다. 그 많은 추억을 어떻게 한마디로 요약할 수 있을까, 생각하면서 다른 한편으로는 '왜 이수영 형제님이 마비된 다리로 그렇게 기를 쓰고 대문을 넘어오려 했을까? 무엇이 그를 그렇게 행동하도록 만들었을까?' 생각해 보았습니다. 그때 제 머릿속에 성경 한 구절이 떠올랐습니다.

"… 사랑은 죽음 같이 강하고… "(아가 8:6).

이 말씀은 이수영 형제님이 지난 여름방학 때 저와 함께 침례신학대학교 도서관으로 공부하러 다니면서 도서관에서 빌려 읽었던 여러 간증집들 중 하나의 책 제목이었습니다. 그랬습니다. 그분이 캄캄한 밤에 기를 쓰고 그 높은 담을 넘어 들어오려고 안간힘을 썼던 그곳에는 바로 '우리의 사랑', 우리가 함께 나누었던 사랑이 숨 쉬고 있었습니다. 사랑은 실로 죽음보다 강한 우리의 끈이었습니다. 5년 전, 저의 둘째 딸 하은이의 장례식에서 모교회 김현철 목사님이 설교하셨던 말씀들이 그날 밤 새로운 감동으로 전해졌습니다.

"누가 우리를 그리스도의 사랑에서 끊으리요… 내가 확신하노니 사망이나 생명이나 천사들이나 권세자들이나 현재 일이나 장래 일이나 능력이나 높음이나 깊음이나 다른 어떤 피조물이라도 우리를 우리 주 그리스도 예수 안에 있는 하나님의 사랑에서 끊을 수 없으리라"(롬 8:35-39).

셋째날.

새벽부터 발인 예배를 드리기 시작했습니다. 저희 공동체 식구들과 가족들, 그리고 몇몇 알코올 중독자 형제님들이 예배에 참석했습니다. 그날 저의 설교 제목은 '사랑은 죽음보다 강하고'였습니다. 저는 그 예배를 통해 이수영 형제님과 우리가 서로 나누었던 사랑을 증거하고자 했습니다. 그리고 그 예배를 통해 기독교에 대해 닫힌 마음을 품고 있던 누님이 마음의 빗장을 열게 되기를 간절히 바랐습니다. 이수영 형제님의 죽음이 그 가족들에게 구원의 밀알이 되기를 바라는 마음이었습니다.

예배가 시작되었습니다. 마지막 가는 길이라는 생각에 평소 고인이 즐겨 부르던 찬송가 '태산을 넘어 험곡에 가도'를 부를 때였습니다. 갑자기 누님이 오열을 터뜨렸습니다. 우리 모두는 의아한 얼굴로 서로를 쳐다보았습니다. 잠시 후 복받치는 오열을 가다듬으며 누님이 띄엄띄엄 말하기 시작했습니다.

"이 찬송가는… 우리 어머니가… 우리 어머니가… 살아계실 때 가장 좋아하던 찬송이었어요. 그때 내 나이가 아홉 살이었고 우리 수영이가 한 살이었는데… 우리 수영이도, 우리 수영이도 엄마가 좋아하던 찬송가를 좋아했다니… 어머니는 신앙이 좋으신 분이었고 아버지는 한량이셨는데 하나님이 엄마를 데려가시는 바람에… 그때부터 난 교회에 안 나가기 시작했는데….”

누님이 오열하며 들려주는 46년 전의 애가를 들으며 우리 모두는 눈물을 흘리지 않을 수 없었습니다. 그리고 말할 수 없는 감동을 느꼈습니다.

“그래서 다시는 교회에 가지 않으려고 했는데… 절대로 예수님을 다시 믿지 않으려고 했는데….”

누님의 얼어붙었던 마음이 그렇게 녹아내렸습니다. 수십 년 꽁꽁 닫혀서 녹슬어버린 마음의 빗장이 서서히 열리고 있었습니다.

이수영 형제님의 탄생은 그 자체가 비극이었습니다. 그와 엄마, 둘 중 하나를 선택해야 하는 상황이었습니다. 결국 손이 귀한 탓에 할머니와 아버지는 출산을 감행했고, 엄마는 이수영 형제님을 낳은 후 하늘나라로 가셨습니다. 때문에 이수영 형제님은 한 번도 친엄마를 보지 못했습니다. 그저 누님만이 이 사실을 알고 있었습니다.

누님의 입에서 찬송 소리가 흘러나왔습니다. 아아! 우리는 죽은 자가 산 자를 살리고, 주님의 부활의 권능이 시공을 뛰어넘는 역사의 현장을 똑똑히 목도했습니다. 그때부터 누님은 잃어버렸던 기도를 다시 시작했고 우리들은 어느새 주 안에서 한가족이 되었습니다.

일찍부터 서두른 탓에 오전 중에 모든 장례 일정을 마치게 되었습니다. 시립 납골당에 이수영 형제님을 안치하고 다같이 라파공동체로 돌아와 아쉬운 석별의 정을 나누었습니다. 이야기는 종종 고인의 생전 행적에 머물곤 했습니다. 우리가 함께 찍었던 여러 사진들을 돌려보며 누님이 말했습니다.

"우리 수영이가 옛날에는 정말 잘 생겼었죠. 사진에서처럼 이렇게 깡마른 얼굴이 아니었어요."

우리는 그 말이 믿기지 않았습니다. 사진 속 얼굴이야말로 우리가 그분을 본 가장 좋은 모습이었기 때문입니다. 술 마실 때 만났던 그분의 모습은 정말 엉망이었습니다. 그러나 누님이 추억하고 있는 동생은 그분이 알코올 중독으로 찌들기 훨씬 이전의 젊은 날의 모습이었습니다.

"우리 수영이 젊었을 때 별명이 미도극장 아랑드롱이었어요. 피부는 얼마나 희고 고왔는지, 또 멋은 얼마나 내고 다녔는지, 미도극장 앞에만 나가면 아가씨들이 줄줄 따라다녔다니까요."

그때 처음으로 젊은 날 그분의 별명을 듣게 되었습니다. 그리고 내가 그렇게도 싫어했던 그분의 술 취한 모습이 그 자신에게는 가장 멋있는 미도극장 아랑드롱 시절의 아름다운 모습이었음을 알게 되었습니다. 열다섯 살에 가출하여 열일곱 살에 정신적 성장이 멈추어버린, 마흔여섯 살 알코올 중독자 이수영 형제님의 마지막 모습은 자신의 생애에서 가장 아름다운 모습이었습니다.

버스터미널로 가는 차 안에서 누님이 말했습니다.

"윤 선생, 우리 수영이 잘 보살펴 주셔서 고맙습니다. 내가 성질이 못되서 누가 잘못한 게 있으면 갈고리처럼 잘 긁어내는 사람인데 윤 선생한테는 긁어낼 아무것도 발견하지 못했어요. 내가 이 은혜를 어찌 잊을런지. C선생도 정말 고마웠습니다. 시간 내서 우리 집에 한번 들러요. 사모님도 정말 너무 고마웠습니다."

누님은 터미널 앞에 차를 세우게 하더니 우리를 내리지도 못하게 하고 혼자만 차에서 내렸습니다. 그리고는 종종 걸음으로 우리 시야를 벗어나면서 계속 우리를 뒤돌아보았습니다. 돌아보는 누님의 눈에서 눈물이 후두둑 떨어지고 있었습니다.

이수영 형제님은 그렇게 갔습니다. 이 세상에 살 때는 돌아갈 곳 없는 인생이었지만, 죽어서는 마땅히 돌아가야 할 그곳, 하늘 아버지의 품으로 갔습니다. 살아서는 30년 알코올 중독에 찌든 육신의 장막을 벗어버리지 못했지만 죽어서는 그 지긋지긋한 육체의 장막을 벗어버리고 자유의 몸이 되었습니다. 영으로 사는 사람들에게 육신의 죽음은 끝이 아닙니다. 이수영 형제님은 돌아가셨지만 그분의 삶은 제 마음과 영혼 속에 고결한 정신으로, 그리스도의 사랑과 부활의 이름으로, 제가 살아 있는 날들 동안 고이 남아 있을 것입니다. 저는 제가 그분을 사랑하고 섬겨온 줄 알았습니다. 제 인생을 바쳐 그분께 봉사하고 헌신해 왔다고 생각하며 지냈습니다. 그러나 그것은 저의 착각이었습니다. 저는 그분이 제 말을 잘 따르고 순종하며 술 마시지 않을 때만 사랑했습니다. 술 마시고 버벅거릴 때는 미워하고 화를 냈습니다. 그러나 그분은 술 마시지 않을 때나, 술 마셨을 때나 한결같이 저를 존경하고 사랑했습니다. 많은 알코올 중독자들이 술을 마시면 태도가 완전히 돌변해서 도저히 믿어지지 않는 두 얼굴을 보여주곤 하지만 이수영 형제님은 한결같이 제 말을 따르고 저를 존경하며 사랑했습니다. 술에 취하면 저는 그에게 욕하고 윽박지르고 함부로 대했지만 그분은 제게 그런 태도를 보인 적이 한 번도 없었습니다.

아아! 사랑한 것은 제가 아니라 그분이었고, 사랑받은 것은 그가 아니라 바로 저였습니다. 그리고 그것이 알코올 중독자들에 대한 하나님 아버지의 마음인 것을 비로소 깨닫게 되었습니다. 술을 마시든 아니든 관계없이 한 인간에 대한 한결같은 사랑, 조건 없는 사랑이야말로 하나님 아버지의 마음이었던 것입니다. 연약한 육신으로 십자가를 지고, 묵묵히 골고다 길을 올라간 것은 제가 아니라 이수영 형제님 바로 그분이었습니다. 성내지도 않고 그는 묵묵히 자기 십자가를 지고 골고다 길을 오르는 구도의 삶을 살다가 그렇게 가신 것입니다. 그분의 죽음이 그리스도의 사랑이 되어 제 심령 속에서 부활했습니다. 그분의 죽음을 통해 죽어 가는 알코올 중독자들에 대한 치유 사역이 하나님께서 제게 맡기신 소명임을 더욱 확신하게 되었습니다. 목회란 거창한 그 무엇이 아니라 '한 영혼'에 대한 주님의 속 깊은 사랑임을 새삼 깨닫게 되었습니다.

"형제들아, 말과 혀로만 사랑하지 말고 행함과 진실함으로 하자. 주께서 가까우시니라!" 아멘.

(이 사건으로 중독 치유사역에 대한 저의 소명의식이 보다 확고해졌습니다. 중독이 정말 죽음의 병인 것을 알게 되었습니다. 나중에 알게 된 것이지만 이수영 형제님이 재발하여 소천에 이르게 된 시발점은 침례식 후에 행한 주의 만찬에서 포도주를 마신 것이었습니다. 그것이 뇌관이 되어 다시 음주 욕구를 촉발시켰고 마침내 재발하여 사망에 이른 것입니다. 알코올 중독자에게 한 방울의 술은 독약이나 마찬가지였습니다.)

모세의 기도,
본회퍼의 기도, 나의 기도

히틀러의 파시즘에 반대해 싸우다가 체포되어 옥중에서 순교한 본회퍼 목사님이 자신의 죽음을 모세의 죽음과 비교하며 이렇게 기도했습니다.

하나님, 나는 지금 영원 속에 몸을 담그며 내 백성이 자유를 향해 걸어가는 것을 봅니다. 죄를 벌하고 또 용서하시는 하나님이시여, 나는 이 백성을 사랑했습니다. 나는 이 백성의 수치와 무거운 짐을 대신 지려고 노력했습니다. 나의 기쁨은 오직 이 백성이 구원받는 것입니다. 오, 나를 붙잡아 주소서. 이제 나의 지팡이는 쓰러집니다. 주님, 나의 무덤을 준비해 주소서. 아멘" _ 모세의 기도, 디트리히 본회퍼의 옥중 서신에서

저의 책상 뒤 메모판에는 이 기도문이 붙어 있습니다. 백성들의 완악함과 죄악으로 인해 애매한 고난을 받아야 했던 모세, 그의 마지막 날의 기도를 본회퍼 목사님은 자신의 순교 상황에 대입했습니다. 모세가 자신의 생명을 이스라엘의 제단 위에 바쳤던 것처럼, 본회퍼 목사님도 자기의 목숨을 독일 백성을 위한 제단 위에 바친 것입니다. 그리고 그들의 희생으로 이스라엘 백성과 독일 백성은 자유를 향해 걸어가게 되었습니다.

이 기도문을 처음 보았을 때 울컥하는 감동이 일었습니다. 동병상련, 불문가지의 마음이었습니다. 알코올 중독자 치유 사역을 하는 저의 마음도 바로 그 기도의 마음과 같았기 때문입니다.

알코올 중독은 약한 마음에서 비롯되는 병입니다. 마음이 약하고 여린 사람이 알코올 중독에 걸립니다. 마음이 강직하고, 자기 인생을 책임질 줄 아는 사람이 알코올 중독에 걸릴 가능성은 거의 없습니다. 마음이 모질고 독한 사람도 나쁜 사람은 될지언정 알코올 중독자가 되지는 않습니다. 대부분의 알코올 중독자들은 평소 '법 없이도 살 사람'이라는 평판을 듣는 사람들입니다. 술을 마시지 않을 때는 그렇게 양순할 수가 없는 사람들입니다.

그러나 한 잔이라도 술을 마시게 되면 그는 약한 사람이 아니라 졸지에 '악한 사람'으로 돌변합니다. 말이 많아지고, 자기가 무슨 대단한 인물이나 되는 것처럼 스스로를 과대포장합니다. 태도가 공격적으로 변하고 말투도 거칠어집니다. 그리고 순한 양처럼 포장된 모습으로 살아오면서 마음속에 쌓아둔 온갖 불평과 불만, 증오와 분노, 원망과 앙심을 독설과 함께 폭포수처럼 쏟아냅니다. 그것은 바로 그들의 마음속에 들어 있던 독입니다. 그 어떤 사람도 자기 마음속에 독을 품고 살아갈 수는 없습니다. 어떻게 해서든 그 독을 토해 내야 합니다. 그러나 마시고 토해 놓는 독은 그대로 폭탄이 되고 저주가 되며, 분란과 고통을 가져다주는 파괴적 도구가 됩니다. 주변에 있는 모든 사람들을 오염시키는 오염원이 됩니다. 그러므로 술 마시지 않고 그 독을 토하게 하는 것, 그것이 바로 치료입니다.

중독 치유 현장에서 겪는 고통 중 하나는 나 자신이 걸레가 되는 느낌입니다. 아무 짝에도 쓸모없는 걸레가 되어 날마다 소모되어 가는 느낌입니다. 공동체를 찾아오는 숱한 중독자들 중 열에 아홉은 도살장에 끌려오는 기분으로, 가족들의 권유에 못 이겨, 더 이상 피할 곳이 없어 찾아오는 사람들입니다. 그런 부정적 감정을 받아내는 것 자체가 고통입니다. 그렇게 입소한 분들 중 60% 정도가 입소 3개월 안에 다시 술을 마시고 공동체를 떠납니다. 그리고 공동체에 입소한 처음 3개월 동안 그들에게 들어야 하는 소리는 원망과 울분입니다. 그들은 자기들의 죄를 알지도 못하고 회개하지도 않습니다. 설혹 자기 죄를 인정한다 할지라도 그것은 상대적으로 경미합니다. 자기 속에 있는 더러운 것들을 다 토해 놓은 후 그들은 다시 술을 마시고 공동체를 떠나거나 술을 마시기 위해 공동체를 떠납니다. 그들이 떠나고 나면 내 안에는 그들이 토해 놓은 토사물들이 쌓입니다. 나는 걸레가 되어서 그 토사물들을 닦아 내고 또 닦아 냅니다. 그러다 보면 나의 내면은 어느새 더러워진 걸레가 되어 있습니다.

한 입에서 나오는 두 말을 듣는 것 역시 말할 수 없는 고통입니다. 그것은 배신당하는 고통과도 같습니다. 알코올 중독자들이 공동체에 입소한 후 처음 15일간은 탐색 기간입니다. 금단 기간입니다. 형제님들의 마음이 불편하고 불안합니다. 그러나 그 기간이 지나 육체가 살아나고 머리가 맑아지면 공동체가 좋아지기 시작합니다. 목사님과 사모님 같은 분은 없다는 둥, 공동체가 너무 좋다는 둥, 하나님이 정말 살아계신 것 같다는 둥 붕붕 뜨는 삶을 경험합니다. 그러나 그 시간이 그리 오래가지는 않습니다. 조금 더 시간이 지나면 공동체의 모든 것이 짜증스럽게 느껴지기 시작합니다. 자기 맘대로 할 수 있는 것이 아무것도 없는 꽉 막힌 생활이라는 느낌이 듭니다. 목사는 사랑이 없는 것 같고, 사모님도 전처럼 자신을 대해 주지 않는 것 같은 생각이 듭니다. 자기보다 다른 사람을 더 사랑하는 것 같고, 자기만 미워하고 홀대하는 것 같은 생각이 듭니다. 가족들은 자기를 이곳에 맡겨 놓고 자기들끼리만 행복해 하는 것 같고, 미래는 그저 암담하기만 합니다. 어느새 욕구불만이 마음속에 가득 쌓이고 얼굴에는 분노가 서려 있습니다. 어떤 이는 깊은 우울 속으로 빠져듭니다. 말 한마디 잘못하면 뭔가 터질 것만 같은 긴장이 흐르고, 그럴듯한 꼬투리를 찾아내려고 눈은 번뜩입니다. 위기의 순간, 즉 재발의 순간이 다가온 것입니다. 많은 사람들이 이 단계를 넘어서지 못하고 다시 재발의 나락으로 빠져들어갑니다. 그리고 떠나면서 독을 쏟아냅니다. 저주를 쏟아냅니다. 욕을 퍼붓습니다.

"주님, 제가 왜 이런 대접을 받아야 합니까? 주님 말씀에 순종한 것 말고 제게 무슨 죄가 있습니까? 왜 이런 배신을 당해야만 합니까?"

고통의 기도, 눈물의 울부짖음이 하늘로 올라갑니다. 그럴 때마다 나는 버려지는 느낌, 우롱당하는 느낌을 받습니다. 말할 수 없는 비참함을 느낍니다.

중독이 진행되면 될수록 중독자들은 이기적으로, 자기중심적으로 변해 갑니다. 이기적인 것, 자기중심적인 것은 유아적 특징입니다. 그러므로 모든 알코올 중독자들은 성인아이입니다. 몸은 자라고 나이는 먹었지만 그들의 내면은 여전히 유아적 정서와 욕구의 지배를 받습니다. 그래서 내면의 아이를 성장시키고 성숙시켜 어른이 되게 하는 것이 바로 이들을 위한 치료입니다.

유아의 욕구는 즉각 충족되어야 합니다. 욕구가 충족되지 않을 때 유아들은 울고, 떼쓰며, 토라지거나 삐집니다. 성인아이들이 바라고 원하는 것은 그들의 어린 시절에 결핍되었던 것들입니다. 그러나 그들이 원하는 것을 충족시켜 줄 수 있는 사람은 이 세상에 없습니다. 오직 하나님 아버지만이 그들의 욕구를 충족시킬 수 있습니다. 하나님을 알지 못할 때 그들은 그 사랑을 저와 제 아내에게 달라고 떼를 씁니다. 우리에게 신이 되어 달라고 호소합니다. 그러나 우리는 사람이기에 그들의 욕구를 온전히 충족시킬 수 없습니다. 깊은 무력감이 저와 아내를 사로잡습니다.

"하나님 아버지, 당신이 직접 오셔서 이 일을 감당해 주세요. 저희는 할 수 없습니다. 하나님만이 하실 수 있는 일을 왜 저희에게 감당시키십니까? 주님, 저희는 정말 아무것도 할 수 없습니다."

사랑이 깊으면 증오도 깊은 법입니다. 공동체를 사랑했던 형제들이 재발하여 공동체를 떠나게 되면 깊은 증오를 표현합니다. 중독은 교활한 병입니다. 해코지하는 병입니다. 술을 마심으로 공동체를 떠난 형제들의 눈으로 볼 때 남아 있는 사람들이 행복하게 잘 단주하고 있는 것을 보면 부아가 치밀고 억울한 감정이 치솟습니다. 그래서 공동체를 해코지하려는 시도를 하게 됩니다. 그들은 그들이 아는 모든 지식과 인맥을 동원해서 교회와 공동체를 공격합니다.

어떤 날은 구청 폐기물 감시반이 들이닥쳤습니다. 이 공동체 뒤뜰에 불법폐기물이 매립돼 있다는 구체적인 고발이 접수되어 조사를 나왔다고 했습니다. 공동체 주변 정리를 위해 작은 창고를 헐고 거기서 나온 벽돌들과 콘크리트 잔해들을 뒤뜰 한 곳에 모아 두고 여기 저기 패인 곳을 개보수할 때 사용하고 있었는데 그것이 불법 폐기물로 신고 되었던 것입니다. 조사 나왔던 공무원들이 전후 사정을 듣고는 잘 처리해 주겠다며 돌아갔습니다. 그러나 제 마음속에는 쉽게 아물지 않을 상처가 생겼습니다.

어떤 날은 구청 환경감시과에서 조사를 나왔습니다. 음식물을 불법으로 매립하고 있다는 고발이 접수되었다는 것입니다. 공동체에 여러 유실수들과 채소들이 있고 작은 텃밭이 있어 음식물 쓰레기들을 비료로 사용한 것뿐인데 이것이 음식물 불법 매립으로 고발되었습니다. 조사 나온 이들 역시 사정을 들어보고는 잘 처리해 주겠다며 돌아갔습니다. 그러나 제 마음속에는 그런 일을 행한 이들에 대한 분노가 끓어올랐습니다.

어떤 날은 보건소에서 조사를 나왔습니다. 아무 자격도 없는 목사가 정신질환자들을 불법으로 감금하고 돈을 받아내고 있다는 고발이 접수되었다고 했습니다. 그들은 공동체 현장을 둘러보고 공동체 형제님들을 인터뷰했습니다. 그리고 정부가 해야 할 일을 교회에서 해주니 고맙다고 하며 돌아갔습니다. 그러나 제 마음속에는 그런 일을 행한 자를 마구 때려주고 싶은 충동이 걷잡을 수 없이 일어났습니다.

"주님, 왜 이런 핍박을 받게 하십니까? 언제까지 이런 억울한 일을 당해야 합니까? 주님, 저들을 심판하여 주십시오. 너무 분하고 억울합니다."

고통스런 신원의 기도, 탄원의 기도가 하늘로 올려졌습니다.

헌금을 돌려 달라고 생떼를 쓰는 사람도 있습니다. 그들이 단주하면서 주님께 드린 헌금은 예수님께서 칭찬해 마지않던 한 가난한 과부의 헌금처럼 참으로 값지고 소중한 것이었습니다. 그러나 그들이 술을 마신 뒤 되찾으려는 헌금은 추하기 이를 데 없는 것이 됩니다. 모든 것을 다 잃고 공동체에 입소한 분들이 헌금을 하면 얼마나 했겠습니까? 주일 예배 때 드린 1,000원, 2,000원, 3,000원 정도가 전부일 것입니다. 그러니 그들이 몇 달간 헌금을 했다 해도 그 총액은 4, 5만원 정도에 불과합니다. 어떤 이는 술값이 없다며 헌금을 돌려 달라고 합니다. 어떤 이는 수중에 돈이 다 떨어져서 돌려 달라고 합니다. 또 어떤 이는 괜히 심통을 부리며 돌려 달라고 합니다.

"주님, 이래도 되는 겁니까? 사람의 탈을 쓰고 이렇게 할 수가 있습니까?" 너무 치졸하지 않습니까? 인간의 존엄성이 이렇게 무너져 내릴 수 있는 것입니까?"

 허탈을 넘어 인간에 대한 최소한의 신뢰마저 무너져내릴 때 그저 주님 앞에 하소연하는 것 외에 제가 달리 무엇을 할 수 있을까요.

 깊은 밤 음산한 목소리의 전화를 받는 것 또한 고통스러운 일입니다. 같이 있을 때는 "목사님, 목사님" 하고 깍듯이 존칭을 붙이던 사람들이 "어이, 윤 목사!" 하며 하대를 합니다.

 어떤 때는 한밤중에 남의 잠을 깨운 것도 모자라 심한 욕설과 모욕을 가합니다. 그들에게 저는 사이비 목사이며, 성경 몇 구절 외워 중독자들을 등쳐 먹는 사기꾼이며, 중독자 똘마니들 몇 명 모아놓고 저 잘난 맛에 살아가는 왕초일 뿐입니다.

 깊은 밤 들려오는 전화벨 소리에 어느덧 저는 노이로제에 걸립니다. 어떤 때는 전화선을 아예 뽑아놓고 잠들기도 합니다.

 "주님, 억울합니다. 너무 억울합니다. 언제까지입니까? 언제까지 이런 억울함과 수모를 당해야 합니까?"

 그 처절한 치유의 현장에서 마침내 저는 예수님을 만납니다. 예수님은 그 현장에서 저를 기다리시다가 자기 자신을 계시해 주십니다.

 "이제야 알겠니? 내가 걸어간 십자가의 길을. 내가 십자가에서 감당했던 것이 무엇인지를. 내가 저들의 죄를 감당하려고 십자가 위에서 대속의 희생 제물이 되었음을 이제야 알겠니? 그것이 십자가의 의미인 것을. 그것이 십자가의 사랑인 것을. 그것이 하나님 아버지의 마음인 것을."

나는 하나님의 그 크신 사랑을 감당할 수 없어 그저 눈물만 흘립니다. 그리고 이렇게 기도합니다.

"주님의 그 큰 사랑을 제가 감당치 못합니다. 주님 걸어가신 십자가의 길, 언제나 기꺼운 마음으로 따르려 했지만 제게 그럴 능력이 없음을 고백합니다. 그러나 주님 가신 길, 십자가의 그 길을 흉내 내며 살도록 노력하겠습니다. 저를 모욕하고, 교회와 공동체를 해코지한 저들이 너무 밉고 용서되지 않지만 주님이 저들을 사랑하심을 알기에 저도 사랑하려고 노력하겠습니다. 제가 죽어 저들이 나을 수 있다면 죽겠습니다. 죽기 싫지만 그리 해야 한다면 하겠습니다. 주님께서 '아버지여, 저들은 아무것도 모르나이다. 저들의 죄를 용서하여 주옵소서.' 라고 기도하셨던 것처럼 저도 그렇게 기도하겠습니다. 그러나 주님, 저는 쓰러져 갑니다. 저들의 악에 압도되어 갑니다. 저의 지팡이도 쓰러집니다. 저를 도우소서. 저를 일으키소서."

그러나 제가 아는 또 하나의 진실이 있습니다. 바로 주님께서 십자가 위에서 자기 몸을 내어 주신 것은 저들의 죄악 때문만이 아니라, 저들 안에 있는 하나님의 형상을 회복시키기 위해서라는 사실입니다.

추한 모습은 저들의 본래 모습이 아닙니다. 하나님께서 창조하신 창조의 형상이 아닙니다. 저들이 술 마시지 않을 때 저는 저들 속에 있던 곱고 고운 심성을 보았습니다. 하나님의 창조 형상이 보석처럼 빛나던 모습들을 기억합니다. 주님께서는 바로 그 형상을 보고 계십니다. 그래서 십자가 대속을 통해 그 형상을 회복시켜 주시려는 것입니다.

저 역시 저들 안에 깊숙이 감추어진 하나님의 아름다운 형상을 알고 있습니다.

그 형상은 심히 아름답고 사랑스럽습니다. 이 세상에 사랑스러운 하나님의 형상을 가지고 있지 않은 사람은 하나도 없습니다. 즉 모든 인간은 존귀합니다. 그러므로 사랑받을 자격이 있고 사랑받아야 마땅한 존재인 것입니다.

고난의 시간이 지나고, 연단의 과정을 거친 후에 참된 자유가 주어집니다. 하나님의 창조 형상을 회복한 저들에게 광명한 햇빛, 말할 수 없는 자유의 기쁨이 주어지게 됩니다. 저들은 자유를 향해 기쁨으로 나아갑니다.

"오! 주님, 저의 이 미천한 헌신이 저들에게 자유를 가져다주는데 조금이나마 밑거름이 되었다면 그저 감사할 따름입니다. 묶임에서 풀려나 자유를 향해 나아가는 저들의 모습을 보는 것이 정녕 저의 기쁨이 되나이다."

압도

알코올 중독 치유 사역은 참으로 어렵습니다. 사역 초기에 "주님, 너무 힘듭니다!"라는 하소연을 얼마나 많이 했는지 모릅니다. 사역 10년을 맞고 있는 지금은 그런 하소연을 거의 하지 않지만 힘든 것은 여전히 마찬가지입니다.

중독은 압도하는 병입니다. 치유 사역자들도 중독자들에게 압도(overwhelmed)됩니다. 압도되었을 때 겪는 무기력감, 끝없는 추락감을 어떻게 표현할 수 있을런지요.

P형제님이 3월의 위기를 잘 넘긴 것을 안도하기도 전에 기어코 마의 봄이 기승을 부리고야 말았습니다. 생명, 부활의 봄이 마의 봄, 죽음의 봄이 되었습니다.

단주 9개월 된 L형제님이 실족했습니다. 소주 세 병을 마시고 들어온 그에게 내가 무엇을 도와줄 수 있는지 물었습니다. 집으로 돌아가 실컷 마시거나 병원에 입원해 장취를 차단하거나 두 가지 선택 말고 다른 길은 없었습니다. 다행히 L형제님이 병원 입원을 선택하여 공동체와 협력하고 있는 정신병원에 입원시켰습니다. 병원으로 가는 한 시간 30여분의 시간이 L형제님에게는 참으로 고통스런 시간이었습니다. 음주 갈망이 그를 압도했습니다. 소주 대신 사준 콜라를 벌컥벌컥 마시고는 "목사님, 이 맛이 아니에요."하며 실망의 표정을 감추지 못했습니다. 그는 다 마신 콜라병을 내려놓으며 창 밖을 물끄러미 바라보았습니다. 창 밖에는 드넓은 대청호반이 바다처럼 펼쳐져 있었습니다.

"목사님, 저 대청호 물을 다 마셔도 내 속의 갈증을 채울 수는 없을 거예요."

금단시에 겪는 알코올 중독자들의 음주 갈망이 줄지에 저를 압도합니다. 그 갈망이 궁극적으로 채워지지 않은 사랑에 대한 갈망임을 알기에 저는 그저 압도당할 뿐입니다. 누가 저 결핍된 사랑의 갈망을 채워줄 수 있단 말입니까? 세상 누구도 그들의 갈망을 해결해 줄 수 없습니다. 있다면 오직 저 대청호반보다 훨씬 크고 무한하신 능력의 하나님, 사랑의 하나님밖에 없습니다. 나는 중독에 압도되어 그저 말없이 앞만 보며 병원을 향해 운전해갈 뿐입니다.

그보다 먼저, 음주 충동을 이기지 못하여 공동체를 나간 뒤 5일 동안 술을 마신 후 병원에 입원한 또 다른 L형제님을 2주 만에 면회 갔습니다. 입원 경험이 처음인 그의 마음속에는 퇴원에 대한 갈망 외에 다른 어떤 것도 남아 있지 않았습니다. 자기 자신을 묶고 있는 이 폐쇄 병동에서 벗어나는 것만이 그의 목표였습니다.

술로 인해 말할 수 없는 고통을 겪는 수십 명의 환우들을 보며 술이 얼마나 무섭고 끔찍한지 생생히 보았다고 말하면서도 그는 술을 마시고 싶다고 했습니다. 알코올 중독은 조절이 안 되는 병이기 때문에 단주해야만 한다고 다른 환우들에게 가르친다던 그가 자기 자신은 조절해 마실 수 있을 것 같아 이번에 나가면 조심해서 마시겠다는 말을 제 앞에서 천연덕스럽게 내뱉습니다.

치유 중일 때는 결코 한 방울의 술도 마셔서는 안 된다고 거듭 다짐하던 그가 이제 나가면 조심해서 마셔야겠다고 말하는 것을 들으며 중독자들의 끝 모를 혼돈과 망상에 압도됩니다. 모순되고 분열된 태도에 압도됩니다.

그에게 내가 할 수 있는 일은 아무것도 없다는 것을 압니다. 입원비를 갖다 주자마자 그는 바로 퇴원했습니다. 이제 저는 전화선을 통해 그의 술 취한 목소리를 듣게 될 것입니다.

온 가족이 나서서 K형제님의 퇴소를 막고 있습니다. 아내는 라파공동체를 나서는 순간 이혼이라고 선포합니다. 가족들이 믿을 만할 때까지, 목사님이 퇴소해도 된다고 말할 때까지 공동체에 남아 있으라고 온 가족이 애원하고 간청합니다.

그러나 그는 꿈쩍도 하지 않습니다. 그는 기어코 다음 달에 자신이 예정해 놓은 시간표에 따라 퇴소하여 집으로 돌아갈 것이라고 가족들에게 선포합니다.

가족들이 아무리 하소연해도 그 소리가 귀에 들리지 않습니다. 그의 머릿속은 빨리 공동체를 나가서 고생하는 아내를 도와주어야 한다는 생각으로 가득 차 있습니다. 그동안 가족들에게 지은 죄가 너무 많기 때문에 하루라도 빨리 나가서 이를 보상해야겠다는 생각으로 가득 차 있습니다.

가득 차 있다는 것이 중요합니다. 그의 머릿속이 가득 차 있기 때문에 다른 사람의 말을 귀담아듣고 담아둘 여유 공간이 없습니다. 여지가 남아 있지 않습니다. 공동체에 남아 단주하는 것이 가족들을 도와주는 것이라고 아무리 설득해도 그의 귀에는 그 말이 들리지 않습니다. 이 상황이 깨어지지 않는 한 K형제님은 가족들의 눈물겨운 호소와 강력한 경고에도 불구하고 결국 공동체를 떠나게 될 것입니다.

긴 시간을 내어 가족을 정말 사랑한다면 가족의 말을 들어야 한다고 설득합니다. 그것이 형제님이 가족에게 베풀 수 있는 가장 큰 사랑이라고 말해 줍니다. 그가 말합니다. 목사님의 말씀을 다 이해할 수 있다고, 가족이 무엇을 원하는지 잘 알겠다고. 그러나 퇴소해서 집에 돌아가야겠다는 이 마음을 자기 자신도 어쩔 수가 없다고 말입니다. 목사님이나 가족의 뜻을 잘 알지만 자기는 퇴소해야겠다는 생각을 내려놓을 수가 없다고 말합니다.

고래 심줄보다 더 질긴 고집에 저는 압도당합니다. 알면서도 하지 못하겠다는 무지막지한 고집, 모든 이들의 반대에도 불구하고 기어코 퇴소해야겠다는 고집에 저는 압도당합니다.

"주님, 이 아름다운 봄날에
만물이 생명을 노래하는 이 생명의 계절에

제 영혼이 중독에 압도되어 신음하나이다.

저를 도우소서.

그리고 저들을 도우소서.

만군의 여호와,

우리를 사랑으로 압도하시고

능력으로 압도하실 유일하신 나의 아버지,

우리를 도우소서.

우리 모두를 이 결박에서 해방시켜 주소서.

우리가 다 이 결박에서 벗어나

생명과 자유를 노래하게 하소서."

네가 나의 열매다

　　이 사역을 하며 가장 힘든 때는 잘 견디며 단주 회복의 길을 걷던 형제님들이 실족하여 쓰러질 때입니다. 약 60%의 사람들이 입소 3-4개월 안에 다시 술을 마시고 공동체를 떠납니다. 10-20%의 사람들이 단주 4개월에서 10개월 사이에 나갑니다. 20-30%의 형제들만이 단주 1년의 치유 과정을 수료합니다. 이것은 놀라운 치료율입니다. 세계적으로도 탁월한 치료율입니다. 공동체에 입소하는 열 명 중 두세 명은 치료받고 회복의 길을 걷습니다. 그러나 일곱 명에서 여덟 명은 중도에 재발하여 탈락합니다. 탈락한 사람 중에서 극히 일부만이 재기에 성공합니다.

　　가장 안타까운 경우는 단주 10개월 정도가 되었을 때 실족하는 형제들입니다. 그럴 때 아내는 슬픈 목소리로 말합니다.

"10개월 뱃속에 품었다가 유산하는 기분이에요."

라파공동체는 생명의 인큐베이터와 같습니다. 중독적 자아가 완전히 깨지고 마음을 새롭게 함으로 변화를 받아 새 생명을 다시 얻으려면, 누구든지 이 인큐베이터 안에서 1년을 지내야 합니다. 중간에 실족하는 사람들은 스스로 이 인큐베이터를 깨고 나오는 사람입니다. 그에게는 아직 새로운 단주의 삶을 살아낼 생명의 힘이 없습니다. 그를 기다리는 것은 냉혹한 죽음의 세계뿐입니다.

한꺼번에 여러 명이 실족하여 재발의 나락으로 빠져 들어가는 것을 보는 것은 고통 중의 고통입니다. 그런 일들은 주로 봄에 일어납니다. 몇 차례 그런 끔찍한 봄을 경험한 이후부터 저는 봄을 무서워하게 되었습니다. 그런 봄을 저는 '마의 봄'이라 불렀습니다.

〈 마의 봄 〉

단주 회복의 첫걸음을 아장아장 걸어가는 초심자들에게 봄은 마의 계절입니다.

3월의 꽃샘추위 탓에 겨우내 실내에서 잘 길렀던 몇몇 화초들이 죽어버리고 말았습니다. 날씨가 따뜻해져서 햇볕을 쪼이게 해 주느라 밖에 내놓았던 화초들을 방심하고 방치한 결과입니다.

긴 겨울 가녀린 생명을 지키려고 애쓰고 수고한 노력이 아차 하는 순간에 날아가 버렸습니다.

생명의 봄 안에 죽음이 숨어 있음을 실감합니다.

모든 살아 있는 것 속에는 죽음의 비수가 숨겨져 있습니다.

단주 회복의 초보 걸음마 단계에 있는 형제님들에게 약동하는 봄은 마의 봄입니다.

봄이 전해 주는 생명의 기운을 받으면서 몸과 마음속의 죄와 악도 되살아납니다.

음주에 대한 갈망, 그 자체가 알코올 중독자들에게는 죄와 악의 씨앗입니다.

몸이 성해지고 단주 기간이 한 달, 두 달 거듭되면서 따뜻한 생명의 기운이 몸을 감싸게 되면서, 단주에 대한 의식은 흐릿해지고 세상과 돈과 잃어버린 세월에 대한 욕망이 아지랑이처럼 꿈틀대기 시작합니다.

겨우내 쌓아온 내공이 힘을 발휘해야 할 때입니다.

썩어 없어질 헛된 것들을 향해 내 생명의 에너지를 쏟아 부을 것인지, 사라지지 않을 영원한 가치를 향하여 내 생명의 에너지를 쏟아 부을 것인지 결정해야 합니다.

지난 주일과 이번 주말에 두 명의 형제님이 연이어 음주의 나락으로 다시 떨어졌습니다.

생명의 봄이 모든 이에게 생명을 주지는 않습니다.

춘래불사춘(春來不似春)! 봄은 왔지만 이들에게 진정한 단주의 봄은 아직 오지 않았습니다. 깊은 회개와 성찰을 통해 이들이 다시 단주 회복의 길, 생명의 길로 돌아오기를 간절히 기도합니다.

주여, 이 연약한 생명의 새싹들을 지켜주옵소서.

형제님들을 잃어버릴 때의 심정은 참담하기 그지없습니다. 그 비통함은 이루 말할 수가 없습니다. 사탄에게 무릎 꿇는 것만 같은 통분입니다. 사탄은 강력하고 교활합니다. 아담과 하와의 약점을 잘 알고 있었던 것처럼 중독자 형제님들의 약점을 너무나 잘 알고 있습니다. 늘 깨어 있지 않으면 어느 순간에 실족할지 아무도 알 수 없습니다. 사탄은 중독자 형제님들의 귓가에 그저 감미로운 한마디만 흘리면 됩니다.

"괜찮아 마셔. 벌써 몇 개월을 단주했는데, 이제 너는 다 나은 거나 마찬가지야."

"정말 괴롭겠다. 이럴 때 안 마실 수 있는 사람이 몇이나 되겠냐. 괜찮아 마셔. 사람들도 다 이해해줄 거야."

마귀의 위로와 격려는 달콤합니다. 그의 부추김은 감미롭습니다. 그 미혹의 음성을 들은 형제님들은 홀린 듯 슈퍼로 달려갑니다. 그의 손에는 어느새 소주병이 들려 있습니다.

사역의 첫 3년 동안 단주 회복에 성공한 사람은 오직 한 명뿐이었습니다. 내일이 오는 게 겁이 났습니다. 내일은 누가 쓰러질까, 하는 두려움이 앞섰습니다. 한 사람이 무너지면 옆 사람도 함께 무너지는 음주 도미노 현상을 여러 차례 경험했습니다. 심할 때는 네댓 명의 형제님들을 이 병원 저 병원으로 분산시켜 입원시킬 때도 있었습니다. 노숙자 쉼터를 정리하고 라파공동체를 창립하면서 1년에 한두 명씩, 최근에는 두세 명 정도가 회복의 길에 들어서고 있습니다. 여기까지 오는 과정에서도 집단 실족의 경험을 여러 차례 겪었습니다. 그럴 때 나의 몸과 마음은 완전히 무너져 내립니다. 그저 쉬고 싶다는 생각 외에 다른 생각이 나질 않습니다. 이런 상황을 그저 바라만 보고 계시는 주님이 야속하다는 생각까지 듭니다. 그럴 때 나의 모습은 바알 신과 그 추종자들, 권력자 아합 왕과 싸우다가 탈진한 엘리야가 광야로 들어가 로뎀나무 아래 앉아 죽기를 원하는 장면과 오버랩됩니다. 탈진한 엘리야의 모습이 바로 저의 모습입니다.

"주님, 차라리 저를 죽여 주십시오. 저를 데려가 주십시오. 더 이상은 못하겠습니다."

천사가 나타나 지친 엘리야를 위로합니다. 먹을 것 마실 것을 가져다주고 그를 하나님의 산 호렙으로 이끕니다. 마침내 하나님께서 엘리야에게 나타나십니다. 그리고 그에게 물으십니다.

"네가 어찌하여 여기에 있느냐?"

엘리야가 대답합니다.

"하나님, 하나님을 향한 제 열심이 유별났습니다. 모든 사람이 주님을 떠났을 때 저만 홀로 남아 적들과 싸웠습니다. 이제 저만

남았습니다. 적들이 저의 생명을 빼앗으려 합니다."

엘리야의 고백이 그대로 나의 고백이 됩니다.

"주님, 이게 뭡니까? 남는 게 도대체 뭐란 말입니까? 왜 회복의 열매가 이리도 맺히지 않는 것입니까? 왜 저만 홀로 이 일을 해야 합니까? 저는 이렇게 지쳐 쓰러져 가는데 주님은 무엇을 하고 계십니까?"

십자가의 성 요한이 말하는 이른바 '신앙의 어두운 밤'이 닥쳐온 것입니다. 하나님의 말씀은 어둠을 밝히는 빛입니다. 어떤 어둠도 말씀의 빛을 감당하지 못합니다. 아무리 깊은 어둠 끝이라도 말씀의 빛은 비쳐옵니다. 내가 힘들어 지칠 때마다 하박국 선지자의 고백은 내게 위로가 되고 힘이 됩니다.

"비록 무화과나무가 무성하지 못하며
포도나무에 열매가 없으며
감람나무에 소출이 없으며
밭에 먹을 것이 없으며
우리에 양이 없으며
외양간에 소가 없을지라도
나는 여호와로 말미암아 즐거워하며
나의 구원의 하나님으로 말미암아 기뻐하리로다"(합 3:17-18).

사역 초기에 힘들고 지쳐 쓰러질 때, 하박국 선지자의 고백이 제 가슴속에서 살아났습니다. 하박국 선지자의 고백을 통해 주님은 저에게 물으셨습니다.

"아무런 열매가 없어도 이 사역을 감당할 수 있겠느냐? 단 한 사람도 치료하지 못할지라도 오직 나 여호와로 말미암아 기뻐하고 즐거워하는 삶을 살 수가 있겠느냐? 나로만 만족할 수 있겠느냐?"

주님은 제게 또 이렇게 말씀하십니다.

"애야, 네가 내 열매란다. 너 하나로 나는 이미 충분한 열매를 거두었단다."

오, 할렐루야! 내가 열매라니, 내가 주님의 열매라니.

그 말씀으로 모든 것이 충만해졌습니다. 나를 향하신 주님의 계획, 내 목회의 의미와 목적을 비로소 분명히 깨달았습니다. 중독자들을 치료해 회복의 열매를 풍성히 거두는 것이 제 목회의 사명과 목적이 아니라 저 자신이 주님께 드려질 열매가 되는 것이었습니다. 주님의 원하셨던 것은 나 자신이었습니다. 나의 헌신이고 순종이었습니다. 나 자신이 주님이 기뻐하시는 열매가 되는 것이었습니다. 그것은 마치 주님께서 나 하나만으로 만족하며 사시겠다는 뜻으로 들렸습니다. 주님께서 이미 나로 인해 만족하고 계신데 내가 주님만으로 만족하며 살아가지 못할 아무런 이유가 없었습니다. 내가 주님께 모든 것이 되었으므로 주님 또한 나의 모든 것이 되셨습니다. 주님께서 나의 모든 것을 소유하셨고 나 또한 주님의 모든 것을 소유하게 되었습니다.

그것은 실로 위대한 통찰이었습니다. 그리고 그 통찰이 이 사역을 감당하는 저의 버팀목이 되었습니다. 열매 없는 사역으로 인해 흔들릴 때마다 나는 하박국의 말씀을 늘 되새겼습니다. 그리고 스스로에게 이렇게 다짐했습니다.

'내가 열매다. 주님께서 이미 나를 받으셨다. 그리고 이 사역도 받으셨다. 내가 할 수 있는 최선은 주님이 있으라고 하신 그 자리에 있는 것뿐이다. 필요한 모든 것은 주님께서 친히 이루실 것이다. 내가 오늘 이 자리에 있는 것으로 주님은 기뻐하신다. 그 순종을 기뻐하신다.'

오늘도 나는 주님께서 있으라 하신 그곳에 묵묵히 있을 뿐입니다.

그리고 나 자신이 주님이 기뻐하시는 열매가 되어 갈 뿐입니다.

나의 삶은 그것으로 충분합니다.

꿈과 비전은 그 다음의 일입니다.

죽은 개만도 못했던 사람

"못나고 못된 사람을 말할 때 개만도 못하다고 말하지 않습니까? 그러나 저는 개만도 못한 사람이 아니라 '죽은 개'만도 못한 사람이었습니다. 차라리 개만 되어도 다행이었지요. 개들은 그래도 집도 지키고 주인에게 충성하지 않습니까? 술 마실 때의 제 모습을 어찌 사람의 모습이었다고 말할 수 있겠습니까? 그것은 사람들이 거들떠보지도 않는 죽은 개의 모습이었습니다. 제가 사는 동네의 경찰들도 저를 보면 고개를 절레절레 흔들었습니다. 제발 부탁이니 이 동네를 떠나 달라고 오히려 제게 사정했지요. 멀쩡하게 맨정신으로 술집에 들어갔다가 눈 뜨면 파출소였던 날들이 셀 수 없을 만큼 많았습니다."

지난날의 자기 모습에 대해 H형제님은 '죽은 개만도 못했다'라고 말합니다. 처음에는 그런 표현이 너무 자기를 비하하는 게 아닌가, 하여 마음에 걸렸습니다. '아무리 그래도 그렇지 인간을 어떻게 죽은 개에 비유할 수 있나' 하는 생각이 들었습니다. 그러나 알코올 중독자들의 행태를 오랫동안 보아 오면서 그 표현이야말로 중독 상태의 비참함과 끔찍함에 대한, 괴롭지만 적절한 비유라고 생각하게 되었습니다.

중년의 나이 10여년 동안 열여섯 차례나 정신병원을 전전하다가 끝내 아내와 이혼하고 모든 것을 잃은 H형제님은 마지막으로 라파공동체의 문을 두드렸습니다. 2004년 6월 15일 대전 역 앞 금성장 여관, 그곳에서 그는 생에 대한 깊은 절망감으로 또다시 죽음을 생각하고 있었습니다. 이미 몇 차례의 자살기도를 경험한 적이 있기에 두렵지는 않았습니다. 다만 그의 마음 깊은 곳에서 '살고 싶다. 정말 살고 싶다!' 는 간절한 절규가 들려왔습니다. 여관방 침대 모서리를 부여잡고 그는 기도했습니다. "하나님, 살고 싶어요. 제발 살려주세요." 그는 신음하며 하나님께 울부짖었습니다. 그때 그의 뇌리에 번개처럼 '라파' 라는 단어가 스쳤습니다. 그리고 그의 안에 빛이 들어왔습니다. 그것은 희망의 빛이었습니다. 정신병원에서 퇴원하기 얼마 전, 사회복지사로부터 들었던 '라파공동체' 란 단어가 불현듯 떠오른 것이었습니다. 그것이 그의 간절한 기도에 대한 하나님의 응답이었는지 모릅니다. 2004년 6월 17일비가 추적추적 내리는 날 그는 라파공동체에 입소했습니다. 그리고 1년의 단주 과정을 우수(?)하게 수료했습니다. 자신의 1년 단주에 대해 H형제님은 이렇게 말했습니다.

드디어 단주 1년이 되었다. 우선 나의 1년 단주가 있게 해주신 하나님의 모든 은혜로 인하여 감사를 드린다. 또한 나의 '라파'에 감사한다. 그리고 되먹지 못한 나에 대하여 끝까지 하나님의 오래 참으심과 풍성하신 긍휼을 잃지 않으시고 내게 그대로 내어주신 우리 전도사님 내외분에게 감사를 드린다(그 당시 저는 전도사였습니다). 아울러 나와 더불어 공동체 삶을 영위해 나가면서 나의 울뚝불뚝한 성격과 성질을 잘 받아주고 이해하면서 지지와 수용을 아끼지 않은 나의 모든 공동체 형제님들에게 감사를 드린다. 또한 우리 '라파'와 직·간접적으로 관련되어 내게 여러 가지 정신적 도움을 주신 많은 분들에게도 감사를 드린다.

참으로 나의 1년 단주는 꿈, 꿈, 꿈, 꿈이라고밖에 달리 어떻게 표현할 수가 없다. 작년 6월 16일까지만 해도 내게 남아 있는 것은 개처럼 죽을 날만 기다리고 있는, 지치고 병든 육신뿐이었다. 내일의 삶에 대한 극심한 공포와 불안으로 인해 두려움과 절망감에 붙들린, 황폐화된 영혼과 파괴된 인격밖에는 아무것도 남아 있지 않았다. 다시 말해 그 시기에 있어서 내 소망에 단주라는 것은 없었다.

나는 일찍부터 단주에 대해 포기한 상태였다. 27여년의 음주 생활 중에 수도 없이 발버둥쳐 봤지만 단주 3일을 넘겨 본 적이 없었기 때문이다. 내게 있어서 단주는 나와는 전혀 관계가 없는 일이었다. 나는 자타가 공인하는 알코올 중독자였고 '내 의지로는 술을 끊을 수 없다'는 것이 단주에 대한 나의 정직한 마음이자 스스로의 고백이었다.

작년 6월 17일 이곳 라파공동체에 입소했을 때도 나의 의식적인 바람은 단주가 아니었다. 그저 '술이 없는 곳에서 마음 편안하게 살다가 때가 되면 죽자!'라는 것이 모든 것을 다 잃은 중독자로서의 비참한 소망이었다. 그런 내가 단주를 했다. 그것도 한 달이 아니라 자그만치 1년이라는 엄청난 세월을 말이다. 할렐루야! 내가 우리 집 라파공동체에 와서 단주를 위하여 의식적으로 행한 것이 도대체 무엇이 있다는 말인가! 아무리 생각해 봐도 내가 한 일은 아무것도 없다.

내가 한 일이라고는 전도사님 말씀에 열심히 불순종했고 열심히 대들었으며 열심히 싸움을 건 일뿐이다. 또한 우리 공동체에 입소하는 형제님들을 열심히 미워했고 열심히 시기했으며 열심히 원망했을 뿐이다.

나 개인적으로도 열심히 분노했으며 열심히 죄책감에 빠져들었고 열심히 불안해했다. 또한 열심히 두려워했고 열심히 수치스러워했으며 열심히 비참함 속에 빠져들었고, 열심히 우울의 수렁 속에서 허우적거리고 있었다. 인정받고 높임받고자 열심히 우쭐거렸고, 열심히 으쓱거렸으며, 열심히 움직였고, 열심히 부지런을 떨었다. 한마디로 말해서 지난날에 내가 알지 못하고 의식하지 못했던 내 무의식 속에서의 모든 더러운 사고와 감정들이 이곳 라파 공동체의 생활을 통하여 썩은 나무껍질 벗겨지듯 하나씩 순서에 관계없이 드러나며 벌거벗겨졌다.

아! 그런데… 이것이 무슨 연고란 말인가! 바로 더럽고 추악한 사고와 감정들이 지난날 술을 불러들인 주범들이요, 역설적으로는 술을 버리지 못하게 한 주범들이지 않았던가! 참으로 애통하고 또 애통한 일이다. 내가 이 더러운 마음으로 인하여 얼마나 많은 눈물을 흘렸는지 모른다. 얼마나 어이가 없었는지 모른다. 적은 내 몸 밖에 있었던 것이 아니라, 내 몸 안에 있었다. 이러한 사실을 전혀 알지 못했던 나는 어리석게도 그저 남을 원망하고 미워하면서 내 탓을 남의 탓으로 여기며 살아왔던 것이다. 내가 이곳에서 행했던 모든 더러운 사고와 감정과 행동들은 바로 내 마음속 껍질들을 벗겨내기 위한 하나님의 은혜요, 사랑이요, 능력이요, 긍휼이요, 엄청난 축복이었다.

이후 나는 비로소 의식적으로 나의 심리를 통찰하고 인지하기 위한 배움의 길에 적극적으로 나서게 되었다. 전도사님의 탁월한 가르침과 내 문제에 대한 지적과 충고를 겸허히 받아들임으로써 스스로 내 문제에 대한 연구와 통찰과 인지를 하게 되었다. 그리고 문제가 발생하면 전도사님에게 도움을 구하고 더불어 우리 형제님들과의 실제적인 공동체 삶을 통하여 내면에 고착화되어 있던 죄된 사고와 감정들을 한두 꺼풀씩 벗겨낼 수 있었다. 다시 말해서 나의 1년 단주는 바로 우리 '라파'의 모든 가족들이 나와 합심하여 이루어낸 걸작품이다. 그러므로 '라파'는 내게 있어서 생명이요, 은혜요, 사랑인 것이다.

이제 나는, 내 영혼이 좀 더 자유롭고 평안해진 상태에서 단주 2년차를 향해 나아간다. 2년차 역시 나는 '라파'와 함께할 것이다. 그래서 내 영육간의 전인적 존재로서 우뚝섬과 동시에 누군가에게 내가 받은 사랑과 섬김을 되돌려주고 싶다. 나의 성장은 결코 멈추지 않을 것이다. 불도저처럼, 전인적 고지를 향하여 오늘도 내일도 내 마음속 더러운 때를 거침없이 밀어내고 버림으로써 앞만 보고 전진하여 나아갈 것이다. 또한 1년 단주로 인하여 교만에 빠지지 않도록 늘 깨어 있음은 물론, 우리 '라파'에 새로 오는 형제님들에게 좋은 사람의 모범과 샘플이 될 수 있도록 항상 내 자신을 채찍질할 것이다. 다시 한 번 하나님 안에서 우리 '라파'의 모든 가족들에게 감사를 드린다. '라파', 이곳은 말 그대로 치유하시는 하나님이 계신 곳이다. 우리 집 '라파'는 병든 영혼을 완벽하게 치유해 나가는 거룩한 하나님의 병원이다. 내가 그 증거이고, 내 생명 다할 때까지 그 증거로 존재할 것이다.

2005. 6. 15. H

H형제님의 단주 1년을 바라보는 저의 소회 또한 남달랐습니다. 그날의 소회를 저는 이렇게 적었습니다.

단주 1년을 바라보는 소회

H형제님이 단주 1년의 위업을 달성했습니다. 스스로 '다른 사람은 몰라도 나는 단주가 불가능할 것'이라고 생각했던 그에게 참으로 놀라운 일이 일어난 것입니다. 위업이라고밖에는 달리 할 말이 없습니다. 세상에는 위업이라고 불릴 만한 일들이 많이 있습니다. 그러나 제 눈에는 지독한 중증의 알코올 중독자가 단주의 길에 들어서는 것보다 더 위대한 일은 없는 것처럼 보입니다. 그것은 불가능이 가능으로 바뀌는 일이기 때문입니다. 그것은 죽은 자가 다시 살아나는 기적이기 때문입니다.

크신 일을 이루신 주님을 찬양합니다. 주님을 믿는 믿음을 통해 우리가 사망에서 생명으로 옮겨진다고 말씀하셨던 그 말씀을 이루어 주심에 감사합니다. 단주 1년을 맞는 H형제님이 자신의 소감을 밝히는 일기에서 '꿈, 꿈, 꿈, 꿈, 꿈… 꿈 같은 일'이라고 표현했던 것처럼 제게도 꿈 같은 기쁨이요 영광이 아닐 수 없습니다. 홍해를 가르셨던 주님께서 죄와 사망의 권세를 깨뜨리시고, 흑암의 사슬을 벗기시며, 술의 속박으로부터 건져 올리시는 놀라운 장면을 낱낱이 목도하게 하시고, 또 그 일에 쓰임받게 하셨다는 것이 얼마나 큰 기쁨이며 자랑인지 모르겠습니다.

지난 6년 동안(2000-2005년), 저와 함께한 사람 중에 1년 이상 단주하고 있는 사람은 모두 다섯 명입니다. 6년의 성과치고는 너무도 작고 보잘것없는 것처럼 느껴질 때도 있습니다. 그러나 그 일들이 불가능의 영역에서 건져 올린 결실이기에 제겐 너무도 소중하고 소중한 결실이 아닐 수 없습니다. H형제님이 그 다섯 번째 부활, 즉 생존의 주인공이 되었고 제 인생의 소중한 보석이 되셨습니다. 지금까지 1년 이상 단주해 온 형제님들이 다시 알코올 중독의 나락으로 떨어진 적은 없었습니다. 단주 1년이 평생 단주를 보장해 주는 충분한 기간은 아니지만 그 든든한 교두보를 이룬 것만은 틀림이 없는 것 같습니다.

H형제님과 함께 보낸 지난 1년은 형제님의 표현대로 전투의 나날이었습니다. 알코올 중독자들의 절반은 학대받은 영혼입니다. 나머지 절반은 유기된 영혼이라고 말할 수 있습니다. 받아야 할 사랑을 충분히 받지 못한 영혼을 유기된 영혼이라고 말한다면 받지 말아야 할 폭력과 학대를 받은 영혼을 학대받은 영혼이라고 할 수 있습니다. H형제님, 그는 학대받은 영혼이었습니다. 중독 상담 치유의 현장에서, 학대받은 영혼은 그의 심령 깊숙이 내재된 분노, 악과 독을 상담자에게 쏟아대기 시작합니다. 그 분노에 맞고 악과 독에 쏘이며 상담자는 죽어갑니다. 그 육신을 끌고 골고

다 길을 올라가 십자가에 달려, 받은 분노와 악과 독을 다 박아버려야 합니다. 내가 그의 독을 다 받아 줄 때 마침내 그는 해독된 심령으로 거듭나기 시작합니다. 내가 죽어야 그가 살아나는 것입니다. 그러나 아직 끝은 아닙니다. 이제 나도 십자가 위에서 주님과 함께 영광의 부활의 옷을 입습니다. 그도 살고 나도 사는 놀라운 일이 이루어짐으로 우리는 다 주님 안에서 한 생명이 되어 갑니다. 알코올 중독의 치유! 그것은 십자가 위에서 일어나는 죽음과 부활의 드라마입니다. 날마다의 일상을 통해 생환의 드라마를 연출하시는 주님을 찬양합니다. 버려진 한 영혼을 사랑하시는 주님을 사랑합니다.

H형제님은 기질적으로도 담즙질에 해당하는 강한 기질을 지니고 있는데다 풍기는 외모도 장대하고 위압적이었습니다. 그런 내외적인 힘을 그는 주변을 조종하고 통제하며 제압하는 데 사용했습니다. H형제님이 공동체에 입소한 첫 한 달 동안 제가 부딪쳐야 했던 것은 바로 그런 상황이었습니다. 공동체 생활 방식이 마음에 들지 않으면 그는 다른 공동체 형제님을 충동질하고 조종하는 방식으로 대응했습니다. 급기야 의존적 성품의 형제님들을 선동하여 공동체를 다 나가자고 하는 데까지 이르렀습니다. 저는 그렇게 하라고 했습니다. 공동체 형제님들을 통해 제가 취하는 아무런 이득이 없었으므로 저는 단호하게 대응했습니다. '갈 사람들은 언제

든 가도 좋다.'는 것이 자율적 치료를 중요하게 생각하는 저의 개인적 신념이었기 때문입니다. 자신의 힘을 과시하고 그것을 무기로 협상하고 조종하는 것은 정신병원 생활을 오래 해온 H형제님에게 일종의 생존 전략과도 같은 것이었습니다. 그의 반발심이 워낙 강했고 그런 반발을 제가 감당할 수 없었기에 저는 H형제님이 공동체를 떠날 거라고 생각했습니다. 그의 반발은 이를테면 이런 것이었습니다.

공동체 치료 프로그램의 하나로 영화 테라피(Therapy) 시간이 있습니다. 중독과 관련된 영화를 시청하고 소감을 나누면서 치료 상담을 하는 프로그램입니다. 형제님들이 공동체에 입소하면 반드시 보아야 하는 영화 중 하나가 니콜라스 케이지가 주연하여 아카데미 남우주연상을 받은 '라스베가스를 떠나며'입니다. 한 지식인 알코올 중독자의 비참한 말로를 그린 영화입니다. 그 영화를 보고 소감을 나누는 자리에서 H형제님은 이렇게 말했습니다.

"이런 영화는 잘못된 영화야. 감독의 생각이 틀렸어. 알코올 중독자가 중독에서 회복되는 행복한 이야기를 영화로 만들어야지 중독자들의 수치심만 자극하고 비참함만 드러내는 이런 영화는 잘못된 영화야."

여기에서 그쳐준다면 얼마나 좋겠습니까? 그러나 H형제님은 한 발 더 나아가 "이런 영화를 보라고 하는 공동체도 목사님도 문제가 있다."는 식이었습니다. 저로서는 아연실색할 수밖에 없었고, 그 기세에 눌릴 수밖에 없었습니다. 왜 그 영화를 보라고 하는지, 감독의 의도가 어디에 있는지에 대한 고려가 전혀 없는, 오직 자기만의 주장이었습니다.

그런데 이런 공동체에는 더 이상 못 있겠다며 곧 공동체를 떠나겠다고 선언한 H형제님의 마음속에 변화가 일어났습니다. 이튿날 H형제님이 제게 와서 공손히 머리를 숙였습니다.

"제가 잘못했습니다. 용서해 주십시오. 앞으로는 공동체의 방침에 잘 따르겠습니다."

그것은 예기치 못한, 극적인 변화였습니다. 그 정도의 충동이 일면 대부분 공동체를 떠나는 것이 예사인데 H형제님은 자기의 잘못을 뉘우치고 무릎을 꿇는 낮은 자세를 취한 것입니다. 그것이 계기가 되었습니다. 그 낮아짐이 H형제님의 단주 생활이 시작되는 중요한 출발이 되었습니다.

그 사건을 계기로 H형제님의 내면 상태가 분명히 이해되기 시작했습니다. '비참함과 무시'가 H형제님 성격의 가장 취약한 부분이었습니다. 그 누구건, 무엇이건 그것이 사람이건 영화건 상관없었습니다. 그것이 자기 내면의 비참함을 자극하거나 반영할 때마다 H형제님은 그것을 견딜 수 없었습니다. 마음 깊은 곳으로부터 분노가 끓어올랐습니다. 예전에는 그럴 때마다 술을 마셨습니다. 만신창이가 될 때까지 마시고 난 다음날 행여 파출소에서 눈을 뜨거나 폭력을 쓴 게 확인되면 자기 자신에 대한 비참함이 다시 밀려왔습니다. 그럴 때면 또다시 술을 마셨습니다. 술을 마셔야만 자기의 비참한 심정을 가리거나 잊을 수 있었기 때문입니다. '라스베가스를 떠나며'란 영화를 보면서 H형제님은 자기 자신의 처지를 더욱 비참하게 느꼈습니다. 이런 영화를 만든 감독과 이런 영화를 보라고 하는 목사님에 대해 분노가 치밀었습니다. 자기의 비참함을 계속 자극하는 이런 공동체에 더 이상 머물 필요가 없다고 생각하여 떠나려 했습니다.

그러나 그는 공동체를 떠나지 않았습니다. 왜냐하면 술이 무서웠기 때문입니다. 이런 상태에서 밖으로 나가면 술을 마실 확률이 100%라는 것을 H형제님은 잘 알고 있었습니다. 그 두려움이 비참함을 이겼습니다. 그는 자기 자신이 어쩔 수 없는 알코올 중독자라는 사실을 잘 알고 있었습니다. 스스로 술을 조절할 수 없다는 사실을 잘 알고 있었습니다. 그는 현실을 인정했습니다. 그리고 술을 두려워했습니다. 그에게 라파공동체의 울타리가 필요했고, 그는 그 울타리에 남는 길을 선택했습니다. 그리고 그것은 H형제님의 생애에서 가장 탁월한 선택이 되었습니다.

H형제님 내면에 깊이 뿌리내리고 있는 비참함에 대한 예민한 반응은 아버지로부터 비롯된 것입니다. 어린 시절 아버지의 폭력을 여러 차례 경험한 형제님에게, 아버지는 두려움의 대상이었습

니다. 가장 신뢰하고 믿음직스러워야 할 아버지와의 관계가 일찍부터 깨어졌습니다. 뚜렷한 이유도 없이 맞으면서 H형제님은 자기 자신이 한없이 비참하게 생각되었습니다. 그 아버지가 사업상 부도를 내고 어머니와 함께 오랜 시간 잠적했을 때, 빚쟁이들로부터 '도둑놈의 새끼'란 소리를 들었을 때, 그의 비참한 감정은 더욱 증폭되었습니다. 그리고 그것은 오랜 시간에 걸쳐 형제님의 성격상 약점으로, 아물지 않은 상처로 남게 되었습니다. 그 상처로부터 거칠고 공격적인 행동이 유발되었습니다. 세상 누구도 그 상처를 치료해 줄 수 없었습니다. 아버지로부터 정신적 상처를 입었기에 그는 모든 권위를 잘 인정하지 않으려 했고 권위에 대해 도발적이었습니다. 그러나 다른 한편으로는 권위자로부터 인정받기 위해 애쓰는 모습도 보였습니다. 그에게 필요한 것은 하나님 아버지의 한없는 사랑, 우리 주님의 끝없는 헌신과 긍휼이었습니다. 때문에 그는 반드시 예수님을 만나야만 했습니다.

공동체에 입소한 지 두 달여 지났을 때 저는 그의 신앙에 도전하기 시작했습니다. 형제님은 오랜 정신병원 생활 중에 성경을 워낙 많이 읽고, 또 많은 성경구절을 암송하고 있었습니다.

어느 날 개인 상담 시간에 저는 형제님에게 도전적인 질문을 던졌습니다.

"형제님은 성경에 대해 많이 알고 계시지만 예수님을 아직 만나지 못하신 것 같네요. 형제님하고 예수님하고는 어떤 관계세요?"

그러자 형제님의 입에서 교리적인 답이 줄줄 나왔습니다.

"예수님은 먼저 하나님의 아들이시고, 우리의 구세주시며, 우리를 위하여 십자가에 매달려 피 흘려 죽으셨고, 우리 죄를 위해 죽으셨으며, 죽은 지 3일만에 부활하셔서…."

저는 그를 주시하며 다시 한 번 물었습니다.

"그러니까 형제님은 예수님과 어떤 관계가 있으신데요?"

그 질문에 형제님은 아무 대답도 하지 못했습니다. 말문이 막혀 버린 것입니다.

"형제님이 예수님을 인격적으로 만나셨으면 좋겠네요. 저도 기도할게요."

나중에 들은 이야기지만 그 상담을 끝내고 H형제님은 분을 삭이지 못해 자기 방에 들어가서 씩씩거렸다고 합니다. '아니, 지가 목사면 목사지 남의 신앙에 대해 이래라 저래라 평가나 하고… 성경에 남을 비판하지 말랬는데 남의 신앙이나 비판하고 앉았고…' 하면서 벽에 머리를 수차례 박으며 화풀이를 했다고 합니다. 그러나 분이 조금씩 사그러들자 마음속에서 자기 신앙에 대해 궁금증이 생겨나기 시작했습니다.

'정말, 나는 예수님과 무슨 관계지?'

그러던 8월의 어느 날 주일 예배 시간에 저는 '하나님의 영광'을 주제로 말씀을 전하고 있었습니다. 예수 그리스도를 통해 우리가 하나님의 영광을 만나게 된다는 요지의 말씀이었습니다. 성경

본문은 고린도후서 4:1-6절이었습니다. 그날 하나님의 말씀이 형제님의 마음속에 환한 빛으로 나타났습니다. 형제님이 하나님의 영광을 본 것입니다. 고린도후서 4:6절의 말씀이 찬란한 빛으로 그에게 다가왔습니다.

> "어두운 데에 빛이 비치라 말씀하셨던 그 하나님께서 예수 그리스도의 얼굴에 있는 하나님의 영광을 아는 빛을 우리 마음에 비추셨느니라"

그는 마침내 말씀을 통해 하나님의 영광을 만났습니다. 예수 그리스도의 인격을 체험했습니다. 죄인 된 그의 어두운 마음속 깊은 곳에 하나님의 진리의 빛, 영광의 빛이 비쳐왔습니다. 통곡이 터져 나왔습니다. 죄인 됨에 대한 회개의 눈물이 홍수처럼 흘러 넘쳤습니다. 그의 강퍅했던 자아가 깨어지고 진정으로 예수님을 자신의 구세주로 영접하기에 이르렀습니다. 그리고 그의 인생이 180도 달라지기 시작했습니다. H형제님의 얼굴과 성정에 하나님의 온화함과 부드러움, 유순함이 흐르기 시작했습니다.

그때부터 오늘에 이르기까지 H형제님은 단주 6년차에 이르렀습니다. 그 6년 동안 숱한 영광의 순간과 위기의 순간들을 경험했습니다. 위기의 순간이 다가올 때마다 H형제님은 기도로써 그 위기들을 돌파했습니다. 그러는 가운데 그는 진정 기도의 사람이 되

없습니다.

만취한 상태에서 자기 아들 목에 식칼을 들이대고 죽여버리겠다고 난리를 쳤던 일을 토설하던 날, 무덤까지 가지고 가려 했던 자기의 수치스러운 죄를 제 앞에서 낱낱이 고백하며 제 품에 안겨 하염없이 엉엉 울던 형제님의 모습을 잊을 수 없습니다.

그렇게 두려워하고 증오했던 아버지가 방법이 서툴렀을 뿐 사실은 자기를 엄청나게 사랑하셨다는 사실을 어느 날 영화 테라피 시간을 통해 깨닫고 난 후(그 영화의 제목은 브루스 윌리스가 주연한 '키드'였습니다) 몇 날 며칠 그가 흘렸던 통한의 눈물, 용서의 눈물을 저는 잊지 못합니다. 태어나서 처음으로 그 무서운 아버지를 "아빠, 아빠!"하고 부르며 울었던 그 용서와 화해의 순간들을 저는 잊지 못합니다.

헤어진 가족에 대한 뼛속까지 스며오는 그리움으로 잠 못 이루고 뒤척거리며 보냈던 그 숱한 밤들 또한 잊지 못합니다. 마침내 꿈에도 그리워했던 아내와 두 자녀가 손을 잡고 라파공동체의 동산에 올라와 눈물의 상봉을 했던 그 순간을 저는 잊지 못합니다. 폭력을 휘둘렀던 아들에게 무릎을 꿇고 자기의 죄를 고백하며 용서를 간구하던 그의 모습을 잊지 못합니다. 도저히 있을 수 없는 일이 일어났다며 "세상 모든 사람이 술을 끊어도 이 사람은 못 끊을 줄 알았는데 기적이 일어났다."며 하나님께 영광을 돌리던 아내의 모습도 잊지 못합니다.

H형제님이 라파공동체의 찬양 예배를 인도한 지도 벌써 1년 반이 지나고 있습니다. 그리고 얼마 전 H형제님은 찬양 사역자 학교를 수료했습니다. 전국 각지에서 모여든 내노라 하는 100여명의 찬양 사역 일꾼들 중에서 H형제님은 2등의 성적을 거두었습니다. 중고등 학생 시절 꼴찌를 도맡아했던 형제님이 하나님 안에서 우등생 상장을 받은 것입니다. 졸업식을 지켜보면서 제 아내와 저는 터져 나오는 눈물을 참을 수 없었습니다. 그리고 그 자리에 모인 수많은 사람들에게 마음속으로 이렇게 외쳤습니다.

"여러분, 와서 보세요. 이 형제님이 우등생으로 졸업을 했답니다. 이 형제님이 제 아들이랍니다. 제 배로 낳은, 예수님 안에서 낳은 제 아들이랍니다. 그는 지난날 지독한 알코올 중독자였고, 스스로 죽은 개만도 못하다고 했던 바로 그 사람입니다. 그러나 와서 보세요. 우리 주님께서 이루신 이 놀라운 일을 보세요. 죽은 자가 살아나는 놀라운 역사를 지켜보세요. 여러분, 이 사람이 주님 안에서 제가 낳은 저의 아들이랍니다. 어때요. 너무 멋지지요."

H형제와 함께 걸어 왔던 치유와 회복의 길은 중독 치료의 교과서였습니다. 숱한 음주 충동과 재발의 위기를 이긴 그야말로 인간 승리의 대여정이었습니다.

주님, 감사합니다!

별을 헤던 아이

J형제님이 처음 라파공동체에 입소하던 날이 기억납니다. 행색은 초라했지만 그의 얼굴에는 귀티가 남아 있었습니다. 이지적인 모습이었습니다. 비록 노숙자가 되어 도움을 요청하는 처지였지만 기품을 지키려고 노력하던 모습이 있었습니다. 그는 정중히, 그러나 간절히 도움을 요청했고 그의 요청은 수락되었습니다. 도움을 요청하는 그의 눈빛에는 애잔함이 어려 있었습니다. 그의 주머니에는 3,000원이 들어 있었습니다. 그것이 그의 전 재산이었습니다. 그는 자기 자신이 알코올 중독이라는 사실을 어느 정도 받아들이고 있었습니다. 공동체에 입소하기 얼마 전 그는 정신병동에 입원한 적이 있었고, 거기서 알코올 중독이 병이라는 사실을

알게 되었습니다. 손에는 수전증이 생겼고, 환청과 환시가 시작되었습니다. 공동체에 입소하기 전에 기거하던 여관 3층에서 환시를 피해 뛰어내리기도 했습니다. 천만다행으로 몸에는 아무 이상이 없었지만, 환청을 듣고 서울과 대전을 귀신들린 듯 오가기도 했습니다. 어떤 때는 음주 중 발작이 일어나 정신을 잃고 쓰러진 적도 있었습니다. 그는 솔직하고 담담하게 자신의 상태를 설명했습니다. 그는 누군가의 도움을 받아야만 했습니다. 그때 교차로 신문에 난 공동체 상담 광고를 보고 치유의 희망을 찾아 공동체로 왔습니다. 그때 그의 나이는 서른여덟이었습니다.

 그로부터 20여년 전, J형제님은 그동안 몸담고 있던 고아원을 떠나 독립의 길을 걷기 시작했습니다. 그는 영등포역에 내렸고, 주머니에는 5,000원이 들어 있었습니다. 가진 것도, 돌보는 사람도 없었지만 그에게는 해방감이 있었고, 새로운 삶에 대한 기대가 있었습니다.

 고아원에서 나와 독립의 길을 걸을 때만 해도 그의 마음은 미래에 대한 포부와 꿈으로 가득 차 있었습니다. 그러나 그는 결국 알코올 중독자가 되고 말았습니다. 고아원에서 인물 났다고 9시 뉴스에 보도되기도 했던 그가 부딪쳐야 했던 것은 고아에 대한 편견과 냉대로 가득 찬 세상이었습니다. 그의 꿈은 피기도 전에 산산이 부서졌습니다. 그에게는 등록금이 없었고, 일용할 양식이 없었습니다. 대학을 포기하고 생업 전선에 뛰어들었습니다. 돈 버는 재미도 있었고 술은 맛있었습니다. 곧 그는 술에 탐닉하게 되었습니다.

J형제님을 생각할 때 제 머릿속에는 애잔함이 떠오릅니다. 그것은 아마도 고아원 생활에서부터 그의 몸에 밴 그 무엇일 것입니다. 그는 힘들 때마다, 기회 있을 때마다 밤하늘을 바라보았다 했습니다. 그 밤하늘을 바라보던 그의 모습에 아마도 제가 느끼는 애잔함의 근원이 있지 않을까 싶습니다. 아마득한 우주를 바라보면서 하늘을 향해 자신의 존재 근원에 대한 질문이 올려졌을 것만 같은 그런 애잔함 말입니다.

'나는 누구입니까? 나는 어디에서 왔습니까?'

그가 평생 가장 듣기 싫었던 말은 '근본도 모르는 아이'라는 표현이라고 했습니다. 그는 늘 자기 존재의 근본에 대해 알기 원했습니다. 그리고 마침내 라파공동체에서 자기 존재의 근원을 확인하게 되었습니다. 그는 존귀한 주의 자녀, 천지를 만드신 하나님의 아들이었던 것입니다. 존재의 근원을 알지 못하는 공허 때문에 그는 술을 마셨습니다. 술을 마시며 세상을 냉소했습니다. 그러나 그는 이제 더 이상 술을 마실 필요가 없게 되었습니다. 삶의 허무와 공허를 가져다주는 근원이 해결되었기 때문입니다. 세상 그 누구도, 그 무엇도 그의 허무와 공허를 달래고 채워줄 수는 없었습니다. 오직 만유이신 주님께서만 그것을 채워주셨습니다. 할렐루야! 모든 고아의 아버지이신 만유의 주님을 찬양합니다!

J형제님이 라파공동체에 자신을 의탁한 지도 어느새 5년의 시간

이 흘렀습니다. 단주한 지 2년 6개월 만에 재발하여 병원에 입원하는 등 두 달여간 끔찍한 고통을 맛보기도 했지만 그 고통이 더 큰 회복의 보약이 되었고 그의 단주 생활을 더욱 튼튼하게 해주었습니다. 공동체 생활을 통하여 하나님을 아버지로 받아들이는 놀라운 변화와 더불어 거듭남의 역사를 체험했고, 참 자아를 찾았습니다. 제 한 몸 누일 곳조차 없는 노숙자의 신세였는데 지금은 어엿한 보금자리를 얻었습니다. 현업에 복귀해 열심히 생업에 종사하고 있고, 교회와 이웃을 위해 자기가 가진 것을 아낌없이 나누어 주는 나눔의 생활을 실천하고 있습니다. 그리고 하나님 안에서 하나님께서 짝지어 주시는 배필을 만나 가정을 꾸릴 준비를 하며 살아가고 있습니다. 회복의 삶이란 결국 직업 재활과 가정 재활로 열매가 나타나게 마련입니다. 이처럼 J형제님은 열매 맺는 회복의 삶을 충실히 구현하고 있습니다.

단주 4년을 맞아 J형제님이 이렇게 간증했습니다.

〈 단주 4년을 돌아보며 〉

결론부터 말하자면 예수님을 영접한 후, 하나님 외에는 세상에 있는 그 무엇도 나의 피난처나 의지할 것으로 삼지 않게 되었습니다. 그리고 나 자신에 대한 자존감이 생겼고 더불어 타인에 대해서도 존중하게 되었습니다. 나나 타인 모두가 하나님의 창조물이

자 사랑을 받는 존재라고 생각하게 되었습니다. 그리고 이제는 남의 삶이 아닌 나의 삶을 살게 되었고 하나님을 알기 전 나의 삶을 달리 해석하게 되었습니다.

술로 인해 나의 삶은 엉망이었지만 결과적으로는 그 술이 예수님을 믿게 한 계기가 되었으므로 알코올 중독자가 되었던 것을 불행으로 여기지 않고 오히려 감사하고 다행으로 생각합니다. 기독교인이 되기 전과 후를 말씀드리려면 아무래도 성장기 때 고아원에서의 생활을 중심으로 말해야 할 것 같습니다.

10월 초에 아파트 계약 갱신 때문에 주민등본과 가족관계증명서가 필요했습니다. '가족관계증명서'에 대해 처음 들어보는데 바로 호적을 말하는 것이었습니다. 그것을 보니 20년 전의 일이 생각납니다. 사회에 나와 처음으로 일자리 때문에 서류(이력서, 주민등록등본, 재학증명서)를 제출했는데, 근무 하루 뒤 호적을 요구하기에 다음날 제출했더니 10만 원이 든 봉투와 함께 그날로 해고되었습니다. 그때 처음으로 제 호적을 봤습니다. 부-성명불상, 모-성명불상이라 적혀 있더군요. 화가 나서 술을 마신 적은 없었는데, 그날 처음으로 그랬습니다. 가족관계증명서에도 예전과 같이 부모-성명불상이라 적혀 있더군요. 마음에 동요가 일어날 법도 한데 그렇지 않았습니다. 모든 사람은 다 하나님으로부터 비롯되었고 누구나 죽어서 하나님 앞에 단독으로 서야 한다는 사실을 알았기에 가족의 유무에 연연하지 않게 되었기 때문입니다. 그때 이후 신원과 관련된 일로 여러 차례 곤란을 겪었고 아예 서류를 제출하는 직장은 포기했습니다. 학창 시절 가장 난처했던 것이 가정 환경 조사였는데, 사회에서도 그 조사를 하니 난감하더군요.

스무 살부터 약 18년간 술을 의지하고 피난처 삼아 살았습니다. 어떻게 하면 술을 맛있게, 멋있게 마실까 고민했고 술에 고상한 의미를 부여하는 데 에너지를 쏟았습니다. 결국 노숙자가 되었고 정신이상 직전까지 갔습니다. 자살을 생각 안 한 것은 아니지만 그럴 수 없었습니다. 죽어서 정승 하느니 비참할지라도 술만 있다면 그래도 사는 게 낫다고 생각했습니다.

술을 의지하기 전(스무 살 이전) 내 인생의 피난처는 **코스모스**란 책이었습니다. 1970년대 말, 당시 서울 도봉산은 지금의 깊숙한 시골처럼 밤하늘이 깨끗했습니다. 여름이면 운동장에서 하우스용 비닐을 깔고 밤하늘을 바라보았습니다. 마냥 신기했고 혹시 내가 찾는 뭔가가 있지는 않을까 하는 막연한 기대도 있었던 것 같습니다. 그러다 초등학교 5, 6학년 때쯤 TV를 통해 우주의 기원을 다룬 '코스모스'란 다큐를 봤고, 대학생 봉사 동아리 누나에게서 동일한 제목의 책을 선물로 받았습니다. 이 책을 통해 그 막연함에 대한 실마리를 발견했습니다. 책의 일부를 옮겨봤습니다.

"우리도 코스모스의 일부다. 이것은 결코 시적 수사가 아니다. 인간과 우주는 가장 근본적인 의미에서 연결돼 있다. 인류는 코스모스에서 태어났으며 인류의 장차 운명도 코스모스와 깊게 관련돼 있다. 인류 진화의 역사에 있었던 대사건들뿐 아니라 아주 사소하고 하찮은 일들까지도 따지고 보면 하나같이 우리를 둘러싼 우주의 기원에 그 뿌리가 닿아 있다. 인류들은 이 책에서 우주적 관점에서 본 인간의 본질과 만나게 될 것이다."

현실의 삶이 곤고했기에 더욱 이 책에 빠졌는지도 모릅니다. 고아원에서는 하루도 거르지 않고 전원 집합, 단체 기합, 자급자족을 위한 노동과 사적으로 행해지는 폭력이 있는 긴장된 생활의 연속이었습니다. 학교 생활에서도 정서적 결핍은 물론 물질적인 결핍도 무척 힘들었습니다. 평범한 가정에 태어났다면 이런 일들을 겪지 않았을 텐데 하는 생각을 자주 했습니다.

시설의 아이들이 대부분 그러하듯 초등학교 2학년 때까지 특별수업 대상이었습니다. 3학년 때부터 공부를 잘하기 시작했는데 그 계기는 자장면이었습니다. 반평균을 올리는 상위 몇 명에게는 선생님의 자장면 약속이 있었는데, 졸업식에나 구경할 수 있는 자장면을 공부만 잘하면 먹을 수 있다는 말에 솔깃했습니다. 그 당시 시설의 아이들이 모두 같은 학교를 다녔는데 원에서 주는 용돈이 아예 없었기 때문에 수(數)를 앞세워 먹을 것을 훔치거나 남의 것을 빼앗았습니다. 그럴 때마다 수치심과 죄책감을 느꼈지만 먹을 것 앞에서는 어쩔 수가 없었습니다. 그러던 차에 당당히 자장면을 먹을 수 있는 길이 생겼습니다. 학년이 올라갈수록 성적이 점점 좋아졌고 친구들도 나를 더 이상 경계하지 않게 되었습니다(지금은 모르겠으나 그때는 공부만 잘하면 도덕적으로 훌륭하고 성품도 착한 아이로 통했습니다). 반면 원에서는 늘 다른 원아들과 비교가 되어 서로에게 피해를 주는 상황이 되었습니다. 나는 항상 '타의 모범'이 되는 역할을 해야만 했습니다. 심지어 내가 물건을 훔쳐도 다른 아이가 범인이 되었습니다(그 아이는 비교적 도벽이 있었기에 열의 아홉은 그 친구가 범인으로 몰렸습니다). 같은 환경에서 월등히 공부를 잘했기에 시기와 일종의 역차별을 받기도 했지만 6학년 때 전교 1등을 함으로써 그런 것들이 기대와 대리 만족으로 변했던 것 같습니다. 그 당시 원에서는 내 위 4년 전부터야 비로소 중학교에 진학할 수 있었습니다. 물론 중학생이 없는 건 아니었지만, 직원 자녀이거나 중학생 때 입소한 예를 제외하곤 전무했습니다. 그러다 보니 원생 대부분이 국졸이나 중퇴였고 나이가 차면 그때 사회 진출을 했습니다. 이런 이유로 같은 또래의 고등학생이나 대학생들이 방문을 오면 자리를 피했던 선배들의 모습이 기억납니다.

    그런 상황에서 나에 대한 기대는 당연한 것이었으나 한편으로는 늘 짐이었습니다. 그런 기대 때문에 인문계를 갔고 대학을 갔지만 학창 시절 내내 가장 기초적인 의식주조차 해결하지 못하며 지냈습니다. 자연히 학업에 대한 꿈보다는 경제적으로 독립하는 것이 목표가 되었습니다. 초등학교 4학년부터 용돈은 고사하고 도시락도 없이 다녔는데, 의식주와 같은 기본적인 것이 충족되지 않으니 주눅이 드는 것은 물론이고 꿈마저 사치로 여기게 되었습니다('먼저 그의 나라와 그의 의를 구하라 그리하면 이 모든 것을 너희에게 더하시리라'는 성경구절을 이전에도 보기는 했겠지만, 아마 냉소적으로 지나쳤을 것입니다). 휴학을 하고 일자리를 알아보기 위해 영등포역에 도착했을 때, 비록 가진 돈은 5000원뿐이었지만 해방감과 삶에 대한 기대로 미래에 대한 걱정은 없었습니다. 그러나 그런 기대에도 불구하고 술이 내 인생의 동반자가 되었고 피난처가 되었습니다.

하나님과 예수님에 대해서는 윈 생활 내내 접했습니다. 성경은 바닥에 굴러다닐 정도로 흔했고, 모 선교회에서 주일마다 왔었고 여러 교회에서 방문도 많이 있었습니다. 그러나 그들을 통해 들었던 진리가 다 하나님의 뜻으로 마무리될 때, 내가 처한 환경을 납득할 수 없었습니다. 내일에 대한 희망이 있는 사람에게는 설득력이 있었겠지만 내일도 오늘과 똑같은, 고된 날이 뻔한 나에게는 하나의 말장난으로 들렸습니다. 모든 학생들이 선택의 여지없이 부흥회에 강제 동원되는, 기독교의 전체주의적인 면을 보았던 고등학교 때의 기억들과 사회 생활 가운데 그리스도인들이 벌이는 행사나 그들의 행태를 보고 기독교 자체에 결함이 있는 것은 아닌가 생각했습니다. 지금 생각하면 달을 가리키는데 달은 보지 않고 그 손의 때만 보고 트집을 잡았던 것 같습니다.

결과적으로 알코올 중독으로 인해 손의 때를 보는 대신 비로소 그 달을 보게 된 것 같습니다. "태초에 하나님이 천지를 창조하시니라"로 성경이 시작되는데, 이 한 구절의 말씀으로 우주의 근원과 더 나아가 나의 근원이 어떻게 비롯되었는지를 알게 되었고 공허함이 사라졌습니다. 어찌 보면 이 근원에 대한 공허함이 내가 중독이 된 가장 큰 요인이 아닌가 싶습니다. 사람의 근원을 알았기에 나 자신과 타인을 존중하게 되었습니다. 하나님을 알기 전에 내가 사람을 보던 시각은 '의식이 있고 동물보다 지능이 조금 뛰어난 단백질로 이루어진 생명체' 정도였습니다. 그리고 기독교에서 말하는 하나님은 인간보다는 뛰어나지만, 우주에 존재할 가능성이 있는 수많은 고등생명체 가운데 하나에 불과하다고 생각했습니다. 그러나 창세기를 통해 '참'을 보게 되었습니다. 사실 내 처지와 환경을 가장 한탄하던 때는 중고교 시절이었습니다. 사회에 나와 술 때문에 그런 때도 있기는 했지만 술은 내가 좋아서 마셨고 그 책임은 나에게 있다고 생각했습니다. 그러나 청소년 때에는 원망을 하고 싶어도 그 대상이 없었기에 더 힘이 들었습니다. 그러나 그 모든 경험들을 통해 오늘날 내가 기독교인이 된 것이라 생각합니다.

고교 때의 일화를 말씀드리고 간증을 마치겠습니다. 1학년 때 담임 선생님과 상담을 하여 문과 이과를 정하는 과정에서 상담 대신 선생님이 안 됐다는 눈빛으로 나에게 이렇게 말씀하셨습니다.

"J야, 너는 천생 목사나 해야겠다."

어쩌면 선생님은 학교 졸업 후 내가 겪게 될 일들을 예상하고 내가 살아갈 수 있는 길을 제시했는지도 모르겠습니다. 말이 씨가 된다고 하는데 선생님의 말씀처럼 목사님은 안 됐지만 그래도 덕분에 평신도는 됐으니 선생님께 감사를 드립니다.

J형제님은 자신이 걸어왔던 삶을 차분하게 간증했습니다. J형제님과 걸어왔던 회복의 길, 치유의 길은 자기를 발견하고 하나님을 발견하는 길이었습니다. 그는 진리를 갈구했고, 진리를 알게 되었을 때 비로소 진리가 그를 자유하게 해주었습니다.

술을 마시는 사람들은 여러 유형이 있습니다. 어떤 사람들은 잊기 위해서, 현실로부터 도피하기 위해서 술을 마십니다. 그러나 어떤 사람들은 맛있어서, 즐기기 위해서 마십니다. J형제님은 후자의 경우였습니다. 그는 술을 즐겼고, 늘 맛있게 먹기 위해 노력했습니다. 그는 술 없는 천국보다 술 있는 이생이 더 낫다고 생각하며 살아왔습니다. 그러나 중독의 문제가 깊어지자 그의 마음 깊은 곳에서 술을 끊어야 한다는 절박한 외침이 들려오기 시작했습니다.

"어떤 때는 성경에 절을 하기도 했습니다. 제발 누군가 나를 이 술로부터 벗어나게 해주기를 간절히 바라면서 말이지요. 지금 생각하면 어처구니 없는 일이지만 그때는 정말 간절한 마음이었어요. 하나님에 대한 이야기는 어렸을 때부터 귀에 못이 박히도록 들어왔으니까 그 하나님이 나오는 성경에 절이라도 해서 술을 끊고 싶었어요.

술을 즐기고 좋아했지만 그래도 술을 끊거나 조절해서 마시려고 나름대로 많은 노력을 했습니다. 해마다 연말연시가 되면 마음을 다잡고 내년부터는 정말 술을 조절해서 마시겠다고 굳은 결심을 한 것도 여러 번이었습니다. 밥상 위에 하얀 백지와 볼펜을 준비합니다. 그리고 새해에는 어떻게 살까 생각하며 계획을 세웁니다. 그렇게 생각을 모으려 하면 할수록 집중이 잘 되지 않았습니다. 그럴 때 슬그머니, 아무래도 한 잔 마시면서 생각을 정리해야겠다는 생각이 듭니다. 처음에는 맥주 두어 병 정도를 사옵니다. 한 잔, 두 잔 술이 거듭되면서 생각이 더 잘 정리되는 느낌을 받습니다. 뇌가 살아나는 느낌도 들지요. 그러다 보면 곧 술이 떨어집니다. 그래서 이번에는 더 많은 양의 맥주를 사옵니다. 두 번째 나갈 때는 다시 나가기 귀찮으니까 아예 충분한 양의 맥주를 사가지고 들어옵니다. 그리고는 끝입니다. 연말의 밤과 더불어 저는 만취하게 되고, 이튿날 아침에 일어나 보면 밥상 위에서 술 때 묻은 지저분한 백지를 발견합니다. 거기에는 삐뚤빼뚤한 글씨체로 이렇게 적혀 있습니다. '아, 나는 안 되는가 보다.' 그것이 제 신년의 모습이었습니다."

그의 고백 속에는 술을 끊고자 하는 간절한 마음과 달리 결국 끊지도 조절하지도 못하는 자기 자신에 대한 회의와 실망이 잘 나타나 있습니다. 아무리 노력해도 어떻게 해볼 도리가 없는 것입니다.

전 세계 회복자들이 암송하고 있는 회복에 이르는 AA 12단계의 제1단계는 자기 무력감을 고백하는 것입니다. 즉 이 고백으로부터 치유가 시작된다는 것입니다.

"우리는 알코올에 무력하며, 나 자신의 삶을 처리할 수 없다는 사실을 인정하게 되었다."

J형제님은 이러한 사실을 인정했습니다. 그러나 그 인정이 몇 %의 순도를 가지고 있는가 하는 것은 별개의 문제입니다. 중요한 것은 100% 인정하는 것입니다. 나는 알코올에 전적으로 무력하며, 내 삶도 알코올에 의해 전적으로 망가졌고, 술로 인해 내 인생은 수습 불가의 국면에 빠져들었다는 사실을 100% 인정하는 것이 중요합니다. 그렇게 되기 위해 J형제님도 예외 없이 공동체 생활을 통해 자기 자신을 바라보는 깊은 통찰의 시간과 훈련을 거쳐야 했습니다.

"알코올 중독이 인격병이라는 것을 알게 된 것이 얼마나 감사한지 모릅니다. 솔직히 이곳에 와서 생활하면서 알코올 중독에 대해 이렇게 저렇게 말하면서 인격 운운하는 것이 처음에는 몹시 거슬렸습니다. 술 좀 먹은 것 가지고 인격에 문제가 있는 것처럼 말하고, 삶을 처리할 수 없었다고 얘기하는 것에 반감을 갖기도 했습니다. 그러나 지금은 알코올 중독이라는 병이 인격병인 게 차라리 다행이다 싶습니다. 왜냐하면 내 인격이 망가지는 것을 알면서도 술을 마시고 싶은 생각은 없기 때문입니다. 뿐만 아니라 알코올 중독이 내 인격을 뿌리째 황폐화시키고 내 인생을 완전히 초토화시켰다는 사실을 인정합니다. 알코올 중독으로 인해 내 인격은 사실상 파탄이 났습니다. 내 인격을 파탄내면서까지 술 마시고 싶은 생각은 없습니다."

알코올 중독이라는 병의 실체를 깨달으면서 J형제님은 자기 자신을 직면하게 되었습니다. 그것은 그를 낮아지고 겸손하게 했습니다. 겸손은 회복에 이르는 최고의 덕목 중 하나입니다. 겸손해야 자기 자신을 남에게 맡기고 의탁할 수 있습니다. 중독으로부터 회복하기 위해 필요한 것은 바로 의탁하는 믿음입니다.

"나는 중독이라는 큰 병에 걸려 있으면서도 그것을 알지 못했습니다. 내가 중독이라는 사실도 몰랐고, 중독이 병이라는 사실도 몰랐습니다. 그러니 내 자신을 믿을 수 없었고 나 자신을 전문가에게 내맡길 수밖에 다른 도리가 없었습니다."

이렇게 해서 내려놓음, 믿고 의탁함, 자발적으로 순종함과 같은 회복의 기초가 견고히 세워지기 시작했습니다. 그것은 중독으로부터 회복하기 위한 필수적인 변화임과 동시에 하나님을 알아가기 위한 위대한 전환점이 되었습니다. 하나님을 믿는 믿음의 기초가 세워지고 있었던 것입니다. 그리고 창세기의 말씀을 통해 지난날 그가 별을 헤며 보냈던 숱한 밤에 막연히 알기 원했던 자신의 존재에 대한 모든 것을 깨닫고 마침내 그리스도인이 되기에 이르렀습니다.

"태초에 하나님이 천지를 창조하시니라"(창 1:1).

그는 어릴 적, 특히 코스모스에 관심을 가지게 되었을 때부터 신의 존재를 믿었다고 합니다. 즉 그는 누군가가 이 우주를 만든 것이 틀림없다고 믿었습니다. 그것은 마치 고아였던 그를 누가 낳은 것과 같은 이치였습니다. 부모가 누구인지 알 수 없었던 것처럼, 그는 하나님이 누구신지 알 수 없었습니다. 그러나 때가 이르렀습니다. 공동체의 삶을 통해 하나님께서 자기 자신을 J형제님에게 계시하셨습니다.

공동체 생활을 통해 그는 참된 기독교를 경험하기 시작했습니다. 기독교에 대한 그의 선입견이 서서히 무너지기 시작했습니다. 그가 고아원에서 경험한 위선적인 기독교, 명절이면 생색내고 와서 사진 찍고 법석을 떨면서 원생들을 동원하던, 그런 기만적인 기독교에 대한 선입견이 해소되기 시작했습니다. 공동체의 삶을 통해 오른손이 하는 일을 왼손이 모르게 하는, 남이 보든 안 보든 묵묵히 자기 일을 수행하는 그야말로 '상식적인' 기독교의 모습, 상식 속에 거하시는 하나님, 생활 속에 거하시는 하나님을 느끼기 시작했습니다. 오갈 데 없는 그를 받아주고 사심 없이 섬기는 공동체와 교회의 모습에서, 그가 가졌던 기존의 부정적인 이미지가 씻겨나가기 시작했습니다. 기독교에 대해 닫혀 있던 마음의 문이 활짝 열리게 되었습니다. 그리고 마침내 천지를 만드신 하나님이 바로 자기를 만드신 하나님이심을 받아들이게 되었습니다. 천지를 만드신 하나님이 나와 아무런 관계가 없을 때 인간 존재에 대한 그의 생각은 '의식이 있고 동물보다 지능이 조금 뛰어난 단백질로 이루어진 생명체' 정도였습니다. 그러나 하나님이 나를 만드셨다는 사실을 받아들이고 난 후, 그는 자기 자신은 물론 인간이야말로 이 세상에서 가장 존귀한 존재라는 사실을 인정하고 받아들이게 되었습니다.

"예수님을 영접한 후, 하나님 외에는 세상에 있는 그 무엇도 나의 피난처나 의지할 것으로 삼지 않게 되었습니다. 나 자신에 대한 자존감이 생겼고 더불어 타인에 대해서도 존중하게 되었습니다. 모두가 하나님의 창조물이자 사랑을 받는 존재라고 생각하게 되었습니다. 이제는 남의 삶이 아닌 나의 삶을 살게 되었고 하나님을 알기 전의 나의 삶을 달리 해석하게 되었습니다. 술로 인해 나의 삶은 엉망이 되었지만 결과적으로 그 술이 예수님을 믿게 만든 계기가 되었으므로 알코올 중독자가 된 것을 불행으로 여기지 않고 오히려 감사하고 다행으로 생각합니다."

지난날 자신이 알코올 중독자였음을 감사하고 다행으로 생각한다니 이 얼마나 놀라운 고백이요 진술입니까? 현재가 행복한 사람은 과거의 잘못에 대해 관대해질 수 있습니다. J형제님은 지금 행복합니다. 그래서 지난날 알코올 중독자였던 자기 자신을 용서하고 그대로 받아들이고 있는 것입니다. 그리고 그 처절함이 있었기에 오늘이 있음을 감사함으로 고백하고 있는 것입니다. J형제님이 즐겨 부르는 찬양 중 하나는 '나는 행복해요' 입니다.

    주님 한 분밖에는 아는 사람 없어요
    가슴 깊이 숨어 있는 주를 사랑하는 말
    주님 한 분밖에는 기억하지 못해요
    처음 주를 만난 그날 울며 고백하던 말
    나는 행복해요 죄사함 받았으니
    아버지 품 안에서 떠나 살기 싫어요
    나는 행복해요 사랑이 샘솟으니
    이 세상 무엇이든 채우고도 남아요

  J형제님이 주님 품 안에서 영원한 행복을 누리며 살아가기를 기도합니다. 사랑으로 자신의 삶과 이 세상을 가득 채워가기를 기도합니다.

하나님 은혜로 새 삶 얻은 부부

라파공동체의 둘째 주 월요일은 피자 데이입니다. 맛있는 피자를 먹으며 교제를 나누는 날입니다. P형제님 부부가 손수 만든 피자를 가지고 와서 형제님들을 섬기는 날입니다. P형제님 부부는 피자 가게를 운영하고 있습니다. 하나님의 은혜로 단주하며 회복의 길을 걷고 있는 P형제님 부부는 "거저 받은 대로 거저 주라"는 주님의 말씀을 삶 가운데 실천하며 살아가고 있습니다. 거저 받은 단주 회복의 은혜를 이제 막 회복의 길을 걷기 시작하는 후배들에 대한 섬김과 봉사로 갚아가는 것입니다.

P형제님 부부는 알코올 중독으로부터의 치유와 회복을 위해 부부가 서로 협력하는 일이 얼마나 소중하며, 얼마나 효과적인지를 잘 보여주는 모델이 되고 있습니다.

제가 P형제님의 아내인 K자매님을 처음 본 것은 2년 전, 추석을 하루 앞둔 날이었습니다. 깊은 시름에 잠긴 목소리가 전화기를 통해 들려왔습니다. 추석을 앞두고 남편을 정신병원에 입원시킨 아내의 심정이 오죽했겠습니까? 지푸라기라도 잡아보려는 심정으로 K자매님은 라파공동체로 전화를 걸었습니다. 계신 곳을 물으니 라파공동체에서 엎어지면 코 닿을 만한 곳이었습니다. 직접 만나서 상담하기로 하고 전화를 끊었습니다. 10여분 후, K자매님이 라파공동체에 나타났습니다. 저를 만나는 알코올 중독자들의 아내 대부분이 그렇듯 자매님도 자리에 앉자마자 눈물을 펑펑 쏟아내며 23년 회한의 세월 동안 겪었던 고통들을 털어놓기 시작했습니다. 자매님 표현대로 '소설로 써도 열 권으로는 어림없는' 그런 고통이었습니다. 많은 눈물을 쏟은 후 K자매님이 말했습니다.

"남편은 현재 정신병원에 입원 중입니다. 저는 이혼을 결심한 상태이고 집도 처분 중입니다. 그러나 혹시 마지막 방법이라도 있을까 싶어 이렇게 찾아왔습니다. 목사님, 제가 어떻게 해야 할까요?"

그것은 자신의 남은 생애를 이혼의 비참함으로 끝내고 싶지 않은 한 중년 여인의 간절한 바람이었습니다.

"알코올 중독은 병입니다. 어렵긴 하지만 고칠 수 있습니다. 희망을 가지세요. 하나님이 고치시지 못할 병은 없습니다."

그 말이 자매님에게는 생명의 말이 되었습니다. 살리는 말이 되었습니다. 생전 처음 들어보는 진리의 말, 희망의 불꽃이 되었습니다. 순간 자매님의 눈빛이 안경 너머로 반짝이는 것 같았습니다. K자매님은 희망을 본 것입니다. 이미 남편은 여러 차례 정신병원에 입원하기를 반복하고 있었습니다. 병원에 입원해서 앞으로는 절대 술 마시지 않겠다고 맹세에 맹세를 거듭했지만 퇴원 후엔 언제 그랬냐는 듯 다시 술을 입에 대곤 했습니다. 정신병원에서도 고치지 못하는 것을 보고 K자매님은 포기했습니다. 믿음 생활을 한 지 오래 되었지만 남편의 술 문제가 해결되지 않자 그녀의 믿음도 식어 갔습니다. 나중에는 교회에 나갈 힘조차 없었습니다. 사람을 만나는 것이 창피했고 사람들이 자기만 바라보는 것 같은 느낌이 싫었습니다. 그런데 이번에는 뭔가 달랐습니다. 병이고, 병이기에 고칠 수 있고, 하나님께서 고쳐주실 수 있다는 믿음이 생겼습니다. 2-3주간의 병원 생활을 통해 육체가 해독되고 나면 남편을 공동체로 입소시키겠다는 약속과 함께 K자매님은 부푼 희망을 안고 집으로 돌아갔습니다.

그러나 그 희망은 단지 K자매님만의 것이었습니다. 병원을 퇴원하자마자 남편인 P형제님은 추석에 찾아뵙지 못한 돌아가신 아버님을 뵈러 산소에 간다며 집을 나간 후 술에 취해 만신창이가 되어 집으로 돌아왔습니다. 머리는 크게 다쳐 피가 흘렀고 얼굴은 커다란 상처와 멍으로 일그러져 있었습니다. 남편을 긴급히 종합병원 응급실에 입원시키면서 K자매님은 한없는 절망에 빠지고 말았습니다. 알코올 중독이라는 이 천형의 병에는 희망조차도 사치인 것 같았습니다.

그렇게 점점 희망의 빛이 사그러들 무렵, 기적이 일어났습니다. 완강하게 공동체 입소를 거부하던 P형제님이 공동체 입소를 결정한 것입니다. 꺼져가는 심지를 끄지 않으시는 하나님을 찬양할밖에요. P형제님은 그렇게 인생의 바닥을 친 후 머리에 붕대를 두르고, 얼굴은 온통 붓고 멍이 들어 일그러진 모습으로 공동체 문을 들어섰습니다. 그의 모습은 돌아온 탕자의 모습이었습니다. 하나님께서는 있는 그대로의 그의 모습을 받아주셨습니다. 그리고 거기에서 P형제님의 회복을 향한 은혜의 여정이 시작되었습니다. P형제님이 단주 10개월이 되었을 때 K자매님이 입소 당시의 심정과 단주의 행복에 대해 이런 글을 남겼습니다.

〈 단주 10개월의 행복 〉

희망을 가득 안고 꿈에 벅차 살았던 소녀 시절이 있었다. 나의 이상형을 그려도 보고 행복한 세상을 꿈꾸며 살아가던 어느 날, 나의 반쪽인 남편을 만났다. 많은 꿈을 꾸며 새로운 희망을 갖고 사랑하며 시작한 결혼 생활. 처음엔 그냥 남자들은 술을 많이 먹나 보다, 술을 먹으면 집에 못 오나 보다, 술을 먹으면 먹을수록 하염없이 많이 먹나 보다, 그렇게 어이없이 '보다, 보다'만 생각하며 결혼 생활이 흘러가고 있었다.

술과의 전쟁은 이렇게 시작되었다. 가면 갈수록 난 누군가의 무서운 힘 속으로 자연스레 빠져들고 있었다. 헤어날 길 없는 늪 속으로 빠져들어 가면서도, '우리에게 아이가 생기면 좋아지겠지', '돈이 많이 모이면 좋아지겠지', '나이를 먹으면 좋아지겠지', '내가 참아주면 좋아지겠지' 하는 망상 속에서 늘 헛된 꿈을 꾸었다. 그러다 시간이 길어지면 '남편의 잘못된 습관 때문일까? 아니면 내가 싫어서 그런 걸까?' 하는 혼돈감 속에서 살았다.

그렇게 혼자서만 생각하고 해결하려고 했다. 힘들 때만 하나님을 찾고, 좋아지면 내 맘대로 하고 늘 그렇게 내 생각대로 분주하게 살아왔다.

중독이라는 단어도 몰랐고 아니 어쩌면 생각조차 하기 싫었다. 그렇게 무서운 단어가 어떻게 나와 상관이 있단 말인가. 중독이라는 단어는 마약 중독에만 쓰는 말인 줄 알았다. 난 내게 일어나고 있는 일들을 거부하고 있었다. 모르는 척하며 그냥 무의미하게 살았다. 가다보면 끝이 있겠지, 끝이 있겠지 하면서….

알코올 중독이라는 무서운 단어 앞에서 우리 가족 또한 동반중독에 빠져들어 가고 있었다. 처음으로 용기를 내어 남편을 격리된

신경 정신병원에 입원시킨 날, 집에 돌아와 하염없이 울었다. 울고 또 울고, 남편을 그곳에 보냈다는 죄책감과 무너진 나의 자존심 때문에 분노를 이겨 낼 힘도 없이 통곡하고 또 통곡했다.

우리의 결혼 생활은 알코올 문제로 시작되어 정신병원에 입원하고 퇴원하는 일이 여러 차례 습관처럼 반복되며 이루어졌다. 술에 취해 이성을 잃은 남편을 병원에 입원시키러 가는 것은 죽기보다 싫었다. 하지만 살리는 방법은 이것뿐이라고 생각했기에 병원과 집을 오가며 세월이 가기만을 기다렸다. 수치스러운 모습이 아닌 사랑받을 수 있는 남편, 자랑할 수 있는 남편이기를 바라면서 말이다. 나는 그렇게 속고 속으면서 하루하루 의미 없는 삶을 살았다. 헛된 망상이 얼마나 무서운 것인지 중독을 겪어보지 않은 사람들은 모를 것이다. 그렇게 23년이라는 기나긴 세월을 가슴 졸이며 살아왔다. 언젠가 보상받을 것을 꿈꾸며. 그러나 더 이상 견디지 못하고 끝내야겠다는 막다른 골목에 이르렀다.

'숱한 아픔을 이겨내고 늘 거짓된 생활을 반복하며, 진실된 삶을 살아보지 못하고 모든 것을 감추며 살아왔던 나의 삶은 여기에서 끝이 나는구나. 내가 죽으면 끝나는 걸까? 내가 죽으면 내 남편이 정신 차릴까? 아니다 내겐 자식이 있다. 살자. 남편과 이혼하고 모든 것을 깨끗하게 정리하자. 그래 이혼, 이 방법밖에 없다.' 나는 모든 것을 정리하기 시작했다. 마음속에 있는 남편의 정까지 다 지워버리고 집도 팔고, 하나 둘 정리에 들어갔다.

그런데 왜일까? 갑자기 마음 한구석에 차지하고 있는 남편의 자리가 크게 느껴졌다. 정리하려고 하면 할수록 남편의 자리는 더욱 커져만 갔다. 남편이 내게 안겨준 고통이 이루 말할 수 없는데 나는 또 어리석게 왜 이럴까? 이러는 내 자신이 싫었다. 한없이 싫어서 죽고 싶은 충동까지 생겼다. 남편을 만나 지금까지 겪은 아픔은 책으로 써도 아마 열 권은 족히 넘을 거다. 한데 지금 내가 뭐하는 짓인가? 우리가 살아온 길은 가정을 꾸려온 것이 아니었다. 나뿐만이 아닐 것이다. 나와 비슷한 삶을 살아가는 사람들의 이야기는 다 그럴 것이다. 이런 생각을 하고 있을 때에도 남편은 술에 취해 거실과 방으로 분주하게 오가고 있었다. 그런 모습을 보고 있노라면 남편을 죽이고 싶을 때도 있었다. 그래서 살인하는 사람이 이해가 될 때도 있었다. 이 얼마나 무서운 충동인가?

그런 내게 이상한 충동, 즉 남편을 마지막으로 살려보고 싶은 충동이 일었다. 살릴 수 있는 방법이 있을 거라고 생각하며 난 컴퓨터 앞에 앉았다. 나는 컴맹이다. 한데 여기 앉아 뭘 하겠다는 건지…. 무조건 컴퓨터를 켰다. 손이 가는 대로 클릭했더니 알코올 중독이라는 단어가 눈에 띄었다. 그곳에 시선이 멈추었고 내 심장은 집 밖에서도 들릴 만큼 너무나 크게 뛰고 있었다.

떨리는 손으로 클릭했다. 대전에 있는 사랑과 섬김의 교회라는 글이었다. 라파공동체라는 단어와 H형제님의 간절한 간증의 글을 읽어 내려가면서 나는 너무 많이 울었다. 그리 멀지 않은 내 옆에, 내 안에 살아계신 하나님께서 이토록 간절히 돌아오기만을 기다리고 계시다는 사실을 가슴 벅차게 느꼈다.

한동안 벅차오르는 가슴을 억누르고 라파공동체로 전화를 걸었다. 2007년 10월 추석 전날이었다. 사랑과 섬김의 교회 윤성모 목사님의 "지금 오세요."라는 그 말 한마디가 우리 부부를 살린 말씀이 되었다. 나는 한 줄기 희망을 찾아 그곳으로 향했다.

몇 날을 먹지 못해 힘이 하나도 남아 있지 않은 나는 단숨에 교회로 달려갔다. 라파공동체에 가서 목사님을 만나 아팠던 사연을 다 토해놓고 "어찌해야 합니까?" 했더니 "알코올 중독은 지독한 병이지만 고칠 수 있습니다. 하나님께 구하세요. 들어주십니다." 라고 목사님께서 대답하셨다.

이 말씀은 하나님께서 우리 부부를 선택하신 증거가 되었다. 하나님께서 우리 부부를 너무나 사랑하셔서 23년이라는 아픔 속에서 살게 하시더니 결국은 우리를 하나님의 사랑 앞에 불러주셨다. 추한 모습으로 살아온 내 남편은 하나님의 은총으로 지금 10개월째 단주 중이다. 동반중독으로 고생한 나도 열심히 하나님 말씀에 순종하며 살고자 노력하고 있다.

10개월 동안 우리 부부가 하나님 앞에 바로 서기까지 많은 것들이 오고 갔다. 하나님 앞에서 조금은 성숙해진 만큼 우리는 정숙한 마음, 순결한 마음, 착한 마음, 꾸밈없는 사랑, 진리의 말씀과 하나님의 능력으로, 크리스천으로서 비난을 받지 않는 하나님의 일꾼으로서 진실한 마음으로 살려고 노력한다. 어떠한 고통을 당해도 늘 기뻐하고, 어려운 사람들을 돌아볼 줄 아는 사람, 가진 것 없는 자들을 위해 도움을 줄 수 있는 사람, 아픈 사람들과 함께 아파할 수 있는 사람이 되고 싶다. 너무 힘들어 견딜 수 없을 때에도 하나님께서 우리에게 힘, 용기, 능력을 주실 것을 믿는다. 우리 부부는 하나님의 능력으로 승리할 것이다. 우리는 하나님 말씀의 뜻을 아는 부부로 승리의 길을 걸어갈 것이다. 수치스럽던 지난날을 깨끗이 잊고 하나님과의 약속을 꼭 지키며 살 것이다. 우리의 마음을 깨끗하게 지켜 나갈 것이다.

우리에게 회개할 수 있는 마음을 주신 나의 하나님, 우리를 늪에서 구원해주신 나의 하나님, 오늘도 감사드립니다. 행복과 사랑이라는 단어가 이렇게 좋은 건지 몰랐던 우리 부부, 이젠 정말 사랑이 얼마나 소중한 것인지 압니다. 하나님의 축복으로 알게 된 만큼 주님께 감사드리며 하나님의 나라를 위해 살겠습니다. 하나님께서 우리 부부를 어떠한 목적으로 부르시든 그 뜻을 따르렵니다. 10개월 동안 너무나도 큰 감사였습니다. 23년을 살아온 날보다 10개월이라는 세월이 우리에겐 너무나 소중했습니다. 모두 사랑합니다. 그리고 감사드립니다.

P형제님을 공동체에 입소시킨 후 K자매님은 새로운 희망과 남편을 꼭 살려내고 말겠다는 결연한 의지를 보여주었습니다. P형

제님 부부는 피자 가게를 운영합니다. 아내는 만들고 주문 전화를 받고 남편은 배달을 합니다. 경기가 좋을 때는 배달 아르바이트 사원을 쓰기도 하지만 그렇지 않을 때는 부부가 역할을 나누어 가게를 운영합니다.

P형제님의 입소 후 K자매님은 초인적인 힘을 발휘하기 시작했습니다. 혼자서 가게 일을 다 책임진 것입니다. 주문 전화를 받고, 피자를 굽고, 손수 마티즈를 운행하며 배달을 했습니다. 죽기 살기로 1인 3역을 감당했습니다. '내 남편을 살릴 수만 있다면 무엇인들 못하리요.' 라는 심정이었습니다. 그렇게 한 달, 두 달, 석 달이 지나자 마침내 체력이 고갈되기 시작했습니다. 새벽 한 시에 가게 문을 닫고 퇴근하는 자매님의 심신은 파김치가 되어 졸음 운전을 하기가 일쑤였습니다. 아르바이트생도 잘 구해지지 않았고, 아르바이트생을 쓸 형편도 못 되었습니다. 이러다간 남편 살리려다 아내가 먼저 어찌될 형국이었습니다. 보다 못해 P형제님을 입소 3개월 만에 퇴소시켰습니다. 아내와 함께 공동체 프로그램에 1년 동안 참석하는 것을 전제로 말입니다.

이렇게 해서 P형제님 부부는 공동체 1년 치유 과정을 동시에 수료한 첫 번째 사례가 되었습니다. 이제 곧 P형제님은 단주 2년의 위업을 달성합니다. 여기까지 오는 길이 결코 쉽지만은 않았습니다. 그러나 부부가 함께 합심하고 협력했기 때문에 다른 누구보다도 순탄한 길을 걸어왔다 말할 수 있을 것입니다. P형제님 부부가 걸어온 길은 회복 과정에서 가족과 아내가 얼마나 중요한 역할을 감당하는지, 왜 가족 치료가 필요한지를 잘 보여주고 있습니다.

회복 과정은 당사자는 물론 가족에게도 무척 힘든 일입니다. 익숙했던 것으로부터 결별하는 것이 저절로 이루어지지 않기 때문입니다. 술 마시지 않는 상태는 마시던 당사자나 가족들에게 공히 낯선 상황입니다. 오히려 술 마시지 않음으로 인해 일시적이거나 계기적으로 스트레스가 증가합니다. 본래 인생이란 것이 스트레스의 연속 아닙니까? 지난날 알코올 중독자들은 스트레스에 대처하기 위해 술을 마셨습니다. 그러나 단주하면서부터 그들은 스트레스를 해소할 길이 없습니다. 당연히 긴장 지수가 올라가고 사소한 일에도 민감해지고 까다로워집니다. 더군다나 공간에 대한 완벽주의가 있는 P형제님은 그 스트레스를 공간을 깨끗하게 청소하는 일로 해소하려 했습니다. 새벽에 가게에서 돌아와 이 방 저 방을 청소기를 돌려가며 청소하기 시작합니다. 아내는 그것이 신경 쓰입니다. 이 늦은 밤에 아파트에서 청소기 돌아가는 소리를 내서 이웃의 잠을 설치게 할까봐 노심초사하며 전전긍긍합니다. 아내의 스트레스 지수가 치솟습니다. 게다가 남편이 아내의 공간인 부엌마저 침범해 들어와 부엌이 왜 이리 지저분하냐며 투덜거리면 화가 머리끝까지 치밀어 오릅니다. 여자가 부엌 청소도 제대로 못한다고 비난하는 것 같아 기분이 나빠지기 시작합니다. 그럴 때면 마음속으로 '차라리, 마셔라 마셔. 그게 오히려 편하겠다. 이렇게 까탈스러워서 사람이 어떻게 사나' 하는 생각이 밀려옵니다. 그러나 그런 생각을 밖으로 끄집어낼 순 없습니다. 그것이 남편을 자극해 술 마시게 할 수 있음을 잘 알고 있기 때문입니다. 남편은 남편대로 자기가 늦은 밤에 귀가해서 이렇게까지 할 필요는 없는데 그것을 참지 못하는 자기 자신에게 짜증이 납니다. 아내는 아내대로 할 말조차 못하고 속으로 끙끙 앓으며 애써 잠을 청해 보지만 불편하기가 이를 데 없습니다. 술 마시지 않아 좋기는 한데 새롭고 강력한 스트레스가 부부 사이에 장애물로 나타납니다.

P형제님이 가장 스트레스를 많이 받을 때는 성공한 친구들과 자기 자신을 비교할 때였습니다. 잘나가는 친구들은 좋은 차 타고 여유 있게 골프도 치는데, 피자나 배달해야 하는 자기 자신이 한탄스럽고 초라하게 느껴집니다. 열등감이 확 살아납니다. 그럴 때면 술 생각이 납니다. 그런데 술은 마시면 안 되니 스트레스가 가중됩니다. 아내가 말합니다. 남들 잘된 것만 보지 말고 우리가 가진 것을 보자고. 우리가 이렇게 살고 있는 것을 감사하자고 말입니다. 맞는 말입니다. 공동체에 입소해 치료받고 있는 다른 형제들과 비교해 보면 P형제님은 그래도 상황이 좋은 편에 속합니다. 직업도 있고, 가정도 깨어지지 않았습니다. 다른 형제님들을 보면 모든 것을 다 잃은 후에 공동체에 온 경우가 대부분이기 때문입니다. 하지만 머리로는 알면서도 막상 그런 상황이 되면 삐쭉빼죽 열

등감이 솟아나고 이를 감당하지 못하게 됩니다.

 P형제님 부부에게 있어서 치료와 회복이란 이런 열등감을 극복하고, 부부가 서로의 마음과 감정을 깊이 있게 나눌 수 있는 능력을 갖는 것입니다. 이를 위해서는 서로의 속마음을 가감없이 나눌 수 있는 안전한 환경이 제공되어야 하며, 이들 부부의 상태를 잘 알고 좋은 대치 방법을 제시해 줄 수 있는 능숙한 전문가가 필요합니다. P형제님 부부는 공동체의 회복 프로그램에 빠짐없이 참석하면서 회복 과정 중에 나타나는 여러 문제들을 다루었습니다. 그 시간을 통해 스트레스는 해소되었고, 대화 기술은 증진되었습니다. 서로의 속마음을 깊이 알게 되면서 서로에 대한 사랑이 더욱 깊어졌고, 사랑을 확인하면서 자존감도 크게 향상되었습니다. 공간에 대한 결벽증도 완화되었습니다. 마음 치료가 진전되고 대처 기술이 증진된 것입니다. 결국 치료란 자기 자신을 통제하고, 삶을 통제할 수 있게 하는 것입니다. 이렇게 되니 사는 것이 기쁘고 행복이 밀려 왔습니다. 변화가 가져다 준 축복이었습니다.

 그러나 회복 과정에서 결정적인 장애를 넘어야 할 때가 있습니다. 그것은 바로 재발의 위험입니다. 아무도 이 장애를 피해갈 수는 없습니다. 재발에 이르는 과정은 사람마다 다릅니다. 그리고 술 마시게 만드는 격발 요인(Trigger)도 다 다릅니다. 그러나 대부분의 회복자들이 부딪치는 장애 중 하나는 '보상'에 대한 기대와 욕구입니다.

하나는 보상받고 싶은 마음입니다. 다른 하나는 보상해 주려는 마음입니다. 보상해 주려는 마음은 회개의 마음입니다. 용서의 마음입니다. 잘못을 비는 마음입니다. 지난날의 잘못에 대해 대가를 치르려는 기꺼운 마음입니다. 그것은 단주를 통한 회복에 꼭 필요한 마음입니다.

보상받고 싶은 마음 역시 자연스런 인간의 마음입니다. 결코 녹록지 않은 단주 회복의 길을 걸으면서 보상받고 싶은 마음이 일지 않는 사람이 어디 있겠습니까? 알코올 중독자가 술을 끊고 살아간다는 것은 정말 대단한 일입니다. 극도의 인내를 요구하는 일입니다. 그러므로 그 일에 대해 보상받고 싶어하는 것은 지극히 당연합니다. 그러나 그 마음이 지나칠 때 단주는 깨어지기 쉽습니다.

회복 중인 알코올 중독자들에게 가장 큰 보상은 단주 그 자체입니다. 그 이상의 것은 욕심입니다. 깨어진 가정의 회복, 좋은 직장, 넉넉한 보수, 잃어버린 명예의 회복… 물론 다 중요합니다. 그러나 단주한다고 해서 그것 모두가 저절로 굴러들어오지는 않습니다. 왜냐하면 그것은 내 의지 밖의 문제들이기 때문입니다. 내 마음대로 컨트롤할 수 없는, 상대가 있는 일들이기 때문에 그렇습니다.

나는 나에 대해서만 책임질 수 있습니다. 나는 나에 대해서만 컨트롤할 수 있습니다. 내가 단주한다고 해서 세상이 나를 위해 바뀌는 것은 아니라는 말입니다.

가족에게 내가 줄 수 있는 가장 큰 보상, 가장 큰 선물은 단주입니다. 내가 단주함으로 가족들이 행복해하고 기뻐한다면 그것으로 충분합니다. 내가 나에게 줄 수 있는 가장 큰 보상, 가장 큰 선물도 단주입니다. 단주하는 내가 스스로 대견하고 자랑스럽습니다. 다시는 술에 절어 살지 않아도 되는 나 자신이 너무 좋습니다. 아침마다 호흡하는 싱그러운 공기가 좋고, 떠오르는 태양을 부끄럼 없이 바라볼 수 있어서 행복합니다. 맑은 정신으로 바라보는 이 세상은 또 얼마나 아름다운지요. 내 안에, 살아 숨 쉬는 것의 기쁨이 차곡차곡 쌓여 갑니다. 그러면 됩니다. 그 이상의 것은 사치입니다. 욕심입니다. 그 이상의 것이 주어진다면 그것은 하늘이 주는 보너스일 뿐입니다.

그러나 회복의 길을 걷다 보면 더 짜릿한 보상, 더 큰 보상을 받고 싶은 생각이 마음 한구석에 똬리를 틀기 시작합니다. 술 없이 사는 인생이 시들시들하게 느껴지고, 아무런 낙도 없는 것처럼 생각됩니다. 더 나아가 가족들이 기뻐하고 즐거워하는 것을 보면 은근히 부아가 치밀어 오르기도 합니다. 가족들은 나 때문에 저렇게 기뻐하고 즐거워하는데 정작 나 자신에게는 기쁨이나 즐거움이 없습니다. 마치 가족들을 위해 자신이 희생되는 것만 같은 기분이 듭니다. 마치 자신이 가족을 위한 노예가 된 것 같은 느낌이 들기도 합니다. 그때 술에 대한 갈망이 꿈틀거립니다. 위기가 닥쳐온 것입니다. 마음속에서는 마시려고 하는 나와 마시면 안 된다고 말하는 나 사이에 치열한 전투가 벌어집니다. 얼굴 표정은 굳어지고 사소한 것에 예민해지고 짜증을 내며 역정을 부립니다. 그리고 도발의 때를 기다립니다. 누군가 건드리기만 하면 터질 준비가 되어 있는 것입니다. 훈련된 회복자들은 이런 상황이 닥쳐온 것을 감지합니다. P형제님도 자기 자신에게 위기의 상황이 온 것을 감지했습니다. 그러나 그것을 아직 스스로 제어할 충분한 경험이 없었습니다.

단주 15개월이 되었을 때의 일입니다. 마실 것인가 말 것인가를 놓고 부부 사이에 팽팽한 긴장이 흐르던 어느 날 P형제님이 도발을 감행했습니다.

"한 20만 원만 있으면 줘봐."

"뭐하려고?"

"그냥 쓸 데가 있어서 그래."

"술 마시려고 그러지?"

"아니라니까."

"지금 이 밤에 나가서 뭘 한다는 거야."

"글쎄 아무 말 말고 달라니까."

K자매님은 더 이상 어쩔 수 없음을 감지했습니다. 원치 않는 재발의 상황이 닥쳐온 것입니다. 죽으면 죽으리라는 심정으로 지갑에서 돈 5만 원을 꺼내 남편에게 쥐어주고 심란한 마음으로 혼자 집으로 돌아왔습니다. 불안이 온 마음을 휘감았습니다. 그러나 이

제 도와주시는 하나님이 계시기에 기도할 수 있었습니다. K자매님은 하나님께 간절히 기도했습니다.

"주님, 남편을 지켜주십시오. 그를 시험에 빠지지 말게 하시고, 악에도 빠지지 말게 하옵소서."

그 시간 P형제님은 작정을 하고 술집을 향했습니다. 더 이상 참을 수 없다고 자기 자신을 합리화하며 술집을 향한 발걸음을 재촉했습니다. 네온 불빛이 현란하게 움직였습니다. 익숙한 불빛들입니다. 지난날 만취 상태에서 경험했던 바로 그 현란한 불빛들입니다. 갑자기 P형제님의 뇌리에 지난날의 고통과 비참함이 떠올랐습니다. 가족들의 실망하는 모습이 어른거렸습니다. 이래서는 안 되는데, 이래서는 안 되는데 하면서도 발걸음은 술집을 향했습니다. 그때 하늘로부터, 혹은 마음속 깊은 곳으로부터 하나님의 말씀이 들려왔습니다.

"개가 그 토한 것을 도로 먹는 것같이 미련한 자는 그 미련한 것을 거듭 행하느니라"(잠 26:11).

그 말씀을 듣고 P형제님이 퍼뜩 깨어났습니다. 그리고는 무엇엔가 홀린 듯 술집을 향하던 자기 모습을 발견하고 흠칫 놀랐습니다. 그 끔찍한 술을 향해 나아가던 자기의 모습이 낯설었습니다. 그는 입을 열어 기도했습니다.

"오오! 주님, 감사합니다. 이 연약한 자를 지켜주시니 감사합니다. 주님만이 나의 힘, 나의 산성, 나의 방패가 되시나이다."

멸망의 소돔과 고모라를 향해 달리던 발걸음을 돌려 P형제님은 집으로 돌아왔습니다. P형제님을 맞는 K자매님의 눈가에는 안도의 눈물이 이슬처럼 맺혔습니다.

P형제님은 오늘도 단주 회복의 기쁨 가운데 살아가고 있습니다.

졸지도 주무시지도 않으시고 우리를 지켜주시는 주님을 찬양합니다.

P형제님 부부를 온전한 회복의 길로 이끌어 주시니 감사합니다.

5억 주고 산 예수님

예수님을 돈으로 살 수 있다면 과연 얼마를 주어야 할까요? 어떤 목사님이 크리스천의 값어치를 '예수님짜리' 라고 했습니다. 촌철의 표현입니다. 우리가 크리스천이 된 것은 백만 원, 천만 원을 주고서도 아니요 일 억, 십 억, 백 억을 주고서도 아닌 예수님을 주고서 산 것이라는 말입니다. 즉 예수님의 생명 값으로 우리는 크리스천이 되었습니다. 그렇다면 그 예수님의 생명 값은 얼마일까요? 사람의 생명도 값을 매길 수 없는데 하물며 하나님이신 예수님의 생명 값을 어떻게 매길 수 있겠습니까? 부질없는 짓이지요.

그런데 K형제님은 분명히 값을 치루고 예수님을 샀다고 주장합니다. 그가 예수님을 사기 위해 치러야 했던 돈은 5억이었습니다. 지난주 오랜만에 단주 파티에 온 K형제님이 교제 자리에서 호기롭게 너스레를 떨었습니다.

"나는 5억 주고 예수님을 샀다니까요. 그러니 형제님들은 얼마나 좋아요. 그렇게 큰 돈 들이지 않고 예수님을 살 수 있으니. 형제님들은 복 받은 거예요."

도박·주식 중독자였던 K형제님은 5억을 잃고 패가망신할 처지가 되었습니다. 인생의 가장 깊은 절망과 고통과 어두움 가운데 있을 때 그는 라파공동체에 와서 예수님을 만났습니다. 그리고 예수님에게 사로잡혀 그는 크리스천이 되었습니다. 도박 중독자들이 계속 도박에 빠져드는 이유는 잃어버린 돈이 아까워서입니다. 억울하고 아까운 마음에 그들은 딸 때까지 도박을 계속합니다. 그러나 그렇게 집착하면 할수록 돈은 그들에게서 멀어져만 갑니다. 그것이 도박의 세계이고 중독의 진실입니다. 보상이 필요합니다. 그들의 상실된 마음에 보상이 주어져야 그 억울함이 해소됩니다. 집착에서 벗어나게 됩니다. 어느 날 K형제님은 예수님이 자기 인생에 주어진 보상임을 알게 되었습니다. 그것은 거저 얻은 것이 아니라 5억을 주고 얻은 것이라는 깨달음이 주어졌습니다. 그리고 냉정히 생각해 보니 자기가 손해를 본 것이 아니었습니다. 예수님을 5억에 사다니 이런 수지맞는 장사가 어디에 있단 말입니까? 5억을 주고 K형제님은 환산할 수 없는 값어치를 지닌 보물을 취하게 된 것입니다.

인생의 큰 판에서 그는 다시 올 수 없는 빙고를 잡았습니다. 그의 상실감은 해소되었습니다. 그가 다시 도박에 뛰어들 이유도 사라졌습니다. 그는 이미 헤아릴 수 없는 큰 돈, 아니 돈으로도 환산할 수 없는 엄청난 가치의 보물을 소유한 사람이 되었기 때문입니다.

K형제님이 공동체 생활 중에 가장 감명 깊게 읽은 책은 제랄드 메이의 중독과 은혜였습니다.

"제가 중독에서 벗어난 것은 전적으로 주님의 은혜였습니다. 은혜가 저를 살렸습니다. 은혜가 저를 중독에서 구했습니다. 형제님들도 그 은혜를 구하세요. 은혜를 받으세요. 그러면 다 잘될 겁니다."

지금은 이처럼 호기롭게 자신의 이야기를 당당하게, 자랑스럽게 들려주지만 K형제님이 이렇게 되기까지는 살을 에고 뼈를 깎는 연단의 과정이 있었습니다. K형제님은 공동체 생활 6개월을 마치고 집으로 돌아갔습니다. 그때의 수료의 소감을 그는 이렇게 말하고 있습니다.

〈 공동체 6개월 수료를 마치며 〉

나 같은 죄인이 간증할 수 있게 허락해 주신 하나님께 감사드립니다. 병자요, 죄인을 주님께 인도하여 주시고 다듬어 주신 목사님께도 감사를 드립니다.

지난날 저는 하나님을 누구보다도 조롱하고 비난하며 기독교인을 이상한 사람들이라고 싸잡아 욕하고 다녔던 탕자였습니다. 야망이라는 포장 속에서, 마음은 욕심으로 가득 차 있었고 어리석음과 교만으로 잘난 체하며 살았습니다. '희망'이라는 과대망상적 자기 합리화로 주식·도박 중독에 빠져 '나'라는 우상을 숭배하며 주변에 고통을 주고 하나님께 죄짓고 살았습니다.

재미로 시작한 주식은 쾌락을 주었고 점점 그 쾌락에 길들여진 저의 중독적 자아는 사탄과 마귀의 축제 속에서 광기의 세월을 보내다가, 결국 파국의 종점에 이르게 되었습니다. 10년 동안 일곱 번 망하고 5억을 탕진했습니다. 몸과 마음은 황폐해지고, 정신과 영혼은 사탄과 마귀에게 강도당하며 주변을 초토화시켰습니다(이때의 고통을 이렇게 표현하고 싶습니다. '죽음의 고통이 살아 숨 쉬는 고통보다 더 편하겠다. 이래서 사람들이 자살을 선택하는구나').

2006년 9월 9일, 결국 환난이 시작되었습니다. 모든 것이 오픈되었고, 그동안 저로 인해 고통받고 상처받은 울분과 배신감으로 충격을 받은 아내는 할 말을 잃고, 이제는 더 이상 안 된다며 저를 집에서 쫓아냈습니다. 장인 장모는 '죽일 놈'이라며 갖은 수모와 모욕으로 갈기갈기 찢어서 저를 버렸으며, 아버지는 충격으로 병원에 실려 가셨고, 누나와 동생은 충격 속에서 어두운 나날을 보내게 되었습니다.

저의 어머님은 2005년에 폐암에 걸려 투병하시다 2006년에 돌아가셨습니다. 저로 인한 스트레스 때문에 돌아가셨을지도 모른다는 생각에 한없이 슬프고 괴롭습니다. 주식 중독 병에 걸렸던 미친 세월들에 대해 하나님께 용서를 구하며 어머님의 영혼을 주님께 믿고 맡깁니다(주여 부디 이 죄인을 용서하여 주시고 저의 어머님을 천국에서 편히 쉴 수 있도록 허락하여 주옵시고, 인도하여 주옵소서. 은혜 베풀어 주옵소서).

목사라고 제가 무시하고 핍박했던 사촌 동생이 소식을 듣고 한 걸음에 달려와 기도와 위안을 주며 라파공동체를 소개시켜 주었습니다. 솔직히 치유보다는 쉬고 싶고 주변을 피하고 싶은 마음에 고맙고 반가왔습니다. 그렇게 하여 10월 3일 라파공동체에 입소하게 되었고, 입소 당일 윤성모 목사님과 면담하면서 "한 달만 있다 가겠습니다."라고 확고하게 말씀드렸습니다.

그러나 라파공동체에서 목사님의 지도와 가르침으로 주식 중독도 병이라는 것과 제가 중독적 자아임을 알았고, 그동안 하나님께 죄짓고 살았음을 깨달았습니다. 그렇게 하나님을 만나고 배우고 알게 되었습니다. 믿음을 배웠고, 믿고 싶었고, 어느 날 믿어졌습니다. 지난날 고통과 괴로움이 너무 컸기에 오직 하나님만이 내가 살 길이요, 생명이시고 기쁨이심을 깨달았습니다. 절체절명의 믿음이었습니다. 목사님의 교육과 상담을 통해 한 달로는 어림없다는 것을 깨닫고 더 있기로 결심했습니다.

하지만 '교만병'이 발동하여 공동체 형제들을 무시하고, 나만 옳다고 아집을 부리고, 이기적인 마음으로 다툼과 분쟁을 일으켰습니다. 다르다는 것을 인정하지 못하고 감히 나쁜 것으로 정죄하며 죄짓고 살았습니다(주여, 이 죄인을 용서하소서).

이곳을 떠나기 위해 다섯 번 정도 짐을 쌌습니다. 내가 병자요 죄인인 줄도 모르고 말입니다. 지금도 그 생각을 하면 아찔합니다. 분노와 고통과 아픔의 라파공동체가 될 뻔했던 순간이었습니다. 바른 길로 인도해 주신 목사님께 진심으로 감사드립니다. 나로 인해 고통받은 형제님들께 용서를 구하고 깊이 반성하며 하나님 앞에 회개합니다. 부디 상처받은 심령을 하나님의 성령으로 감싸주시길 진심으로 기도합니다.

자칫 왕따가 되어(형제간에 어울림이 없었기에) 예배실에 있는 시간이 많아졌습니다. 십자가를 보며 예수님을 생각하고, 하나님 말씀으로 위로받고, 기도와 찬송으로 영육을 달래면서 기뻐했습니다. 그렇게 하나님 말씀과 교육과 상담으로 깎이고 배우고 연단되면서 사람의 형상을 조금씩 찾아갔습니다.

"고난이 내게 유익이라."

고난 속에서 인내를 배우고 연단되며 소망을 갖게 되었고, 기쁨의 열매를 얻었습니다. 사랑과 기쁨으로 즐거워했고, 다툼과 어리석음(교만)으로 고통받아야 했고, 온탕과 냉탕을 왔다 갔다 하면서 연단되어졌습니다.

6개월의 라파공동체 생활이 쉽지만은 않았지만 내 인생의 실패한 전반전을 다듬어 주시고 내 인생의 성공한 후반전을 예비해 주신 성령님께 감사드립니다. 내가 한 것이 아니라 성령님이 변하게 해주심을 믿습니다. 하나님이 선지자 윤성모 목사님을 만나게 해주심을 감사드립니다.

하나님의 은혜와 축복 속에서 사면초가의 현실이 하나씩 풀리기 시작했습니다. 믿고 맡기고 구하고 기도하면 은혜 베풀어 주시는 주님의 뜻대로, 가정이 회복되고 축복이 넘쳤습니다. 아버지와의 관계가 회복되고 인정받았을 뿐 아니라 장인 장모와의 관계도 회복되었습니다. 건강과 더불어 새로운 직장도 얻었고, 새 생명을 얻었습니다. 하나님의 사랑이 제게 풍성히 넘쳤습니다.

그 사랑에 빚진 자가 되어 온전한 인격체로 거듭나고, 속사람이 변하고 변하여 하나님의 참 아들로 인정받고 전도할 수 있기를, 저로 인하여 하나님을 증거할 수 있기를 진심으로 소망합니다.

이제 6개월의 라파공동체 생활을 마치고 퇴소합니다. 영원히 떠나는 것이 아니기에 슬픔이 덜하지만 천국의 동산 라파공동체에서 누리고 즐기고 사랑받고 까불 수 없음을 아쉬워합니다. 솔직히 한 달만 더 있고 싶습니다.

축복받고 나갈 수 있게 은혜 베풀어 주신 목사님께 감사를 드립니다. 다시 한 번 주신 사랑, 목사님, 사모님, 형제자매님께 감사드리고 모든 은혜를 베풀어 주신 하나님께 감사드립니다. 하나님 안에서 라파공동체 식구들과 영원히 교통하기를 진심으로 원하며 간증을 마칩니다.

스스로를 불교도라 믿었으며 불교 교리에도 일가견이 있었던 K형제님은 공동체 입소 6개월 만에 성령으로 거듭남으로써 크리스천으로 변모했습니다. 그러나 그를 기다리고 있는 것은 말할 수 없는 핍박과 환난이었습니다. 공동체 6개월 기간 동안 그는 말할 수 없는 수모와 왕따를 당했습니다. 짐을 쌌다 풀었다 하기를 다섯 차례나 반복했습니다. 예수님 안에서 그는 자기가 왕따의 수모를 당한 것에 대해 "'교만병'이 발동하여 공동체 형제들을 무시하고 나만 옳다고 고집하고 이기적인 마음으로 다툼과 분쟁을 일으켰습니다. 다르다는 것을 인정하지 못하고 감히 정죄하며 죄짓고 살았습니다."라고 고백했습니다. 우리 모두에게는 자기중심성을 지향하는 죄성이 있습니다. K형제님이 자기의 죄성을 발견하고 회개하여 이를 고백한 것은 참 좋은 일입니다. 그러나 그것과는 다른 외적 요인들로 인해 K형제님의 공동체 생활은 참으로 힘들었습니다.

도박 중독과 알코올 중독 사이에는 공통점도 있지만 차이점도 있습니다. 도박 중독은 일종의 스릴 중독입니다. 즉 짜릿한 쾌감을 추구하는 것입니다. 그렇기 때문에 도박 중독자들은 호방하고 쾌활하며 능동적입니다. 적극적인 성향을 갖습니다. 들뜬 감정에 익숙합니다. 뇌의 회전이 빠르고 변화에 쉽게 적응합니다. 이에 비해 알코올 중독은 도피하고 회피하는 병입니다. 그들은 잊기 위해 마시고 도피하기 위해 마십니다. 그들의 성향은 조용하고 말이 없고 내향적인 경우가 많습니다. 정서적으로도 우울한 감정에 더 익숙하고 변화에 느리게 적응합니다. 때문에 서로에 대한 충분한 수용과 이해가 전제되지 않은 채 이 두 성향의 사람들이 만나면 돌이킬 수 없는 상처를 남기기 쉽습니다. K형제님이 공동체 생활을 할 때의 상황은 거의 일대 다(多)의 상황이었습니다. 알코올 중독자들이 대부분인 곳에서 성향이 전혀 다른 한 명의 도박 중독자가 있었던 셈이지요.

인간이 가지고 있는 죄성의 가장 나쁜 측면은 아마도 인종 차별이 아닐까 싶습니다. 히틀러가 유대인에게 그랬던 것처럼 말입니다. 중독이라는 같은 병을 앓으면서도 K형제님은 알코올 중독자들에게 이해되고 수용되는 대신 배척되고 왕따를 당하고 차별을 받았습니다. 다른 것이 틀린 것으로 오해된 것입니다. 작은 공동체에서 그것은 참으로 견디기 힘든 수모와 핍박이었습니다. 찬양을 크게 한다고, 기도 소리가 너무 크다고, 너무 많은 질문을 한다고, 웃음소리가 너무 크다고, 목사님 앞에서 잘난 체한다고, 탁구 칠 때 너무 요란을 떤다고, 컵을 여기저기 아무 데나 놔둔다고, 그가 일상 속에서 받은 질시와 핍박은 견디기 어려운 것이었습니다. 가족과 떨어져 있는 것도 서러운데, 공동체 안에서도 왕따를 당했으니 그 외로움이 오죽했겠습니까? 그러나 형제님에게는 그것이 약이 되었습니다. 괴로우면 괴로울수록 예배당에 있는 시간이 더욱 많아졌습니다. 하나님께 간절하게 울부짖으며 나아갔습니다. 하나님은 그에게 복을 주셨습니다. 많은 은총을 베풀어 주셨습니다. 그 시간은 그가 겸손을 배우는 연단의 시간이었고, 더불어 살아가는 삶을 체험하는 시간이었으며, 가족의 소중함을 절절히 깨닫는 시간이었습니다. 인내를 몸에 익히는 시간이었습니다. 그렇게 6개월의 연단과 훈련을 통해 그는 성장하고 성숙해졌습니다. 그리고 마침내 그리운 가족의 품으로 돌아갔습니다.

그렇게 해피엔딩으로 끝났다면 얼마나 좋았을까요? 한동안, 적어도 퇴소 후 6개월이 지나기까지는 그랬습니다. 모든 것이 잘 풀렸습니다. 가족들은 그를 따뜻하게 맞아주었고, 전에 있던 직장으로 복귀했으며 넘치는 에너지로 두각을 나타냈습니다. 지역 교회에 잘 정착했고, 교회 생활도 만족스러웠습니다. 사는 게 이런 거구나, 하는 기쁨이 넘쳐 왔습니다. 그러나 기어코 마의 그날이 찾아왔습니다. 그리고 그는 재발 상황으로 곤두박질쳤습니다.

공동체를 퇴소한 지 6개월쯤 되었을 때 K형제님은 난생 처음으로 3박 4일의 교회 수련회에 참석했습니다. 말씀의 은혜가, 그리스도인들 사이의 아름다운 교제의 은혜가 마음속에 차고 넘치는 시간이었습니다. 게다가 자신이 도박·주식 중독자였다가 그 중독에서 풀려난 사람인 것을 안 여러 교회 형제들이 그에게 나아와 자기들은 지금도 여전히 주식을 하고 있고 그로 인해 많은 손실을 입었다고 고백하면서 그에게 조언을 요청하는 일이 벌어졌습니다. K형제님은 그들에게 자기의 경험을 전하면서 주식도 중독이 될 수 있으니 단호히 끊어야 한다고 조언했습니다.

그러나 거기까지였습니다. 수련회를 통해 많은 은혜를 받아 들뜬 상태였고, 이 사람 저 사람에게 조언을 해주다 보니 으쓱하는 기분도 들었습니다. 그러자 한순간 이런 생각이 들었습니다. '아니, 저 사람들은 많은 돈을 잃고도 여전히 주식을 하고 있는데 나는 뭐지? 왜 나만 하면 안 되는 거지?' 사탄이 형제님의 마음속에 유혹의 바람을 일으켰습니다. 성령 충만한 그 순간에 사탄의 유혹도 따라왔습니다. 형제님은 흔들렸습니다. 사탄이 불어 넣은 생각에 한번 빠지자 거기서 벗어날 수가 없었습니다. K형제님은 아직 충분히 연단되고 훈련된 것이 아니었습니다. 결국 수련회에서 돌아온 K형제님이 은밀히 진행한 것은 주식 투자를 위해 인터넷 계좌를 트는 일이었습니다. 이제 곧 배팅이 시작될 순간이었습니다.

도박·주식 중독은 은밀하게 진행될 수 있습니다. 겉으로 드러나는 것이 아니기 때문입니다. 그래서 회복 중인 가족들에게 늘 경계를 늦추지 말 것을 가르칩니다. 당사자를 기분 나쁘게 하지 않으면서 말이지요. K형제님의 아내에게도, 딸에게도 그런 가족 지침을 주었습니다. 수시로 남편의, 아빠의 인터넷 사용 상태를 확인해 보라고. 결국 가족들에 의해 주식 투자 계좌를 개설한 사실이 들통났습니다. 시댁과 처가 온 식구에게 이 사실이 통보되었고 주위의 모든 사람들이 경악과 충격으로 할 말을 잃었습니다. 돈의 출처를 추궁하자 K형제님은 당당하게 맞섰습니다. 그 돈은 지난 몇 달간 열심히 일해 회사로부터 성과급 수당으로 받은 돈이었고 막연한 필요에 대비해 개인 비자금 차원에서 모아둔 것이기 때문이었습니다. 떳떳한 돈이고 계좌만 텄을 뿐 주식 투자를 한 것도 아닌데 가족들이 너무 과민한 반응을 보이는 것 같아 K형제님은 억울하고 속상했습니다. 자기 자신이 바보스럽고, 한편으로는 가족들이 야속했습니다. 그에게 급속한 우울이 찾아왔습니다. '죽자, 죽어 버리자! 깨끗이 생을 마감하자!' 자살 충동이 강하게 밀려 왔습니다. 그는 어떻게 죽을까를 놓고 고민에 고민을 거듭했습니다. 아파트 옥상에 올라간 것도 여러 차례였습니다. 이 모든 것이 은혜로운 수양회를 마친 후 불과 일주일 안에 일어난 일들이었습니다. 중독의 가공할 만한 파괴력이 여실히 드러난 것이었습니다.

"목사님, 이대로 있다간 자살할 것 같아요. 공동체에 다시 입소할래요."

그의 전화를 받을 때까지만 해도 저는 아직 상황이 이해되지 않았습니다. 수양회 기간 중 전화를 걸어와 "할렐루야! 성령 충만, 은혜 충만입니다."라는 우렁찬 목소리를 들은 것이 며칠 전의 일이었습니다. 그랬는데 자살 운운하며 재입소를 부탁하는 형제님의 전화를 받으니 어안이 벙벙할 수밖에요. 그의 목소리만으로도 사태의 심각성을 감지할 수 있었기에 재입소를 허락했습니다.

6개월만에 다시 만난 그는 형언하기 어려울 정도로 무너져 내린 모습이었습니다. 알코올 중독자들은 술을 마셔서 그렇다 치지만 K형제님은 술을 마신 것이 아닌데도 그 몰골이 참으로 처참했습니다. 행위 중독의 폐해, 정신적 황폐의 결과가 얼마나 무서운 것인지를 똑똑히 보여주었습니다. 눈은 초점을 잃었고, 넋이 나간 얼굴이었습니다. 공동체에 입소해서도 계속 자살 충동을 느낀다고 했습니다. 입소 다음날이 되어도 그의 정신적 상태는 호전되지 않았습니다. 아침부터 상담을 요청해 온 그가 제게 부탁한 것은 집으로 돌아가게 해달라는 것이었습니다. 가서 무엇을 하려고 하나는 물음에, 계좌에 남아 있는 돈으로 주식 투자를 하고 싶다고 했습니다. 이번을 마지막으로 따든 잃든 계좌에 남아 있는 돈을 다 써버리고 싶다고 했습니다. 마치 알코올 중독자가 아침에 깨어나 어제 먹다 남기고 온 술을 가서 다 먹고 오겠다고 말하는 것과 같았습니다. 이쯤 되면 미친 것이나 다름없습니다. 그것이 어찌 온전한 제정신이겠습니까? 호통을 치고 방으로 내보냈습니다. 그랬더니 얼마 지나지 않아 이번에는 고향에 계신 아버님에게 전화를 걸었습니다. 전화의 내용을 들어보니 똑같은 부탁이었습니다.

이번에는 훨씬 더 부드럽게, 그리고 간절히 계좌에 넣은 돈으로 주식을 하게 해달라고 빌고 또 빌었습니다. 그 모습이 얼마나 처절하고 비굴했는지 모릅니다. 마치 알코올 중독자, 마약 중독자들이 한 잔의 술, 한 알의 마약을 갈구하는 그런 비참한 모습이었습니다. 더 이상 우리 열린 공동체에서 감당할 수 없는 상태임을 느꼈습니다. 가족들을 불러 K형제님을 정신병원에 격리 입원시켰습니다.

정신병원에 한 달간 입원한 형제님은 공동체로 돌아와 한 달간을 더 우리와 함께 생활했습니다. 그 시간을 통해 형제님의 영은 회복되었고, 정신도 수습되었습니다. 'No pain, No gain.' 대가를 치루지 않고 온전한 것을 얻을 수는 없는 법입니다. 재입소 과정을 통해 재발 상황이 분석되었습니다. 기분이 뜨고 고양될 때, 성령 충만하다고 느낄 때가 재발의 위험 신호임을 확인할 수 있었습니다. 도박 중독자들은 감정이 고양된 들뜬 상태를 잘 다루어야 합니다. 무엇보다 돈을 은밀히 모아 둔 것이 화근이었습니다. 직장을 다니는 사람들이라면 누구나 다 개인 비자금을 만들 수도 있지만 도박 중독자들에게 그것은 재발에 이르는 뇌관과도 같은 것입니다. 더 깊은 내면을 통찰해 볼 때 그것은 이미 재발을 스스로 준비한 것이었습니다.

"사실 공동체를 떠날 때, 언젠가 한 번은 해야지 하는 마음이 있었던 것 같아요. 가능성을 내려놓고 싶지 않았던 거지요. 그 가능성마저 내려놓자니 너무 서운한 것 같았습니다. 알고 보면 재발은 이미 그때부터 제 안에 준비되어 있었습니다. 중독이 얼마나 교활하고 무서운 것인지, 늘 깨어 있고 긴장하여 영적 전투에 임하는 것이 얼마나 중요한 일인지, 제 삶이 얼마나 철저히 투명한 것이어야 하는지를 뼈저리게 절감했습니다."

"재발도 회복의 과정이다."라는 말은 중독 치유 현장에서 유명한 경구입니다. 재발을 통해 회복자들은 성장하고 성숙합니다. 영적으로나 정신적으로 더욱 각성되고 튼튼해집니다. 맑은 정신을 회복하자 하나님께서 그에게 말씀으로 위로하시고 격려해 주셨습니다. 어느날 새벽, 이사야서를 묵상하던 중 하나님의 말씀이 그의 심령을 흔들었습니다.

"지극히 존귀하며 영원히 거하시며 거룩하다 이름하는 이가 이와 같이 말씀하시되 내가 높고 거룩한 곳에 있으며 또한 통회하고 마음이 겸손한 자와 함께 있나니 이는 겸손한 자의 영을 소생시키며 통회하는 자의 마음을 소생시키려 함이라 내가 영원히 다투지 아니하며 내가 끊임없이 노하지 아니할 것은 내가 지은 그의 영과 혼이 내 앞에서 피곤할까 함이라 그의 탐심의 죄악으로 말미암아 내가 노하여 그를 쳤으며 또 내 얼굴을 가리고 노하였으나 그가 아직도 패역하여 자기 마음의 길로 걸어가도다 내가 그의 길을 보았은즉 그를 고쳐 줄 것이라 그를 인도하며 그와 그를 슬퍼하는 자들에게 위로를 다시 얻게 하리라 입술의 열매를 창조하는 자 여호와가 말하노라 먼 데 있는 자에게든지 가까운 데 있는 자에게든지 평강이 있을지어다 평강이 있을지어다 내가 그를 고치리라 하셨느니라"(사 57:15-19).

탐심으로 재발의 늪에 다시 빠진 그를 하나님께서는 다시 생명의 길로 인도하여 주셨습니다. 또한 하나님께서는 그와 그를 슬퍼하는 자들에게 다시 위로를 얻게 하시겠다는 약속의 말씀을 주셨습니다. 그의 마음속에 말할 수 없는 하나님의 평강이 깃들기 시작했습니다.

얼마 전 믿음은 없지만 함께 교회에 나가던 아내가 자기의 전도를 통해 예수님을 영접하게 되었다며 기쁨에 넘친 목소리로 전화가 왔습니다. 명절이 되면 자기 집에서 제사를 모셨는데 기독교식으로 추모 예배를 거행하고 자기가 이를 주관했다고 자랑했습니다. 최근에는 아버님과 장인 장모님을 모시고 함께 노래방에 간 적이 있었는데 아버님과 장인어른이 서로 어깨동무를 하고 노래를 부르시며 덩실덩실 춤을 추셨다고도 자랑했습니다. 사돈 지간에 어깨동무를 하고 즐겁게 노래 부르며 춤추는 모습을 상상만 해도 절로 웃음이 나옵니다. K형제님의 가정에 행복이 찾아왔습니다. 행복을 주시는 주님을 찬양합니다.

꽃피는 인생,
꿈이 있는 인생

라파공동체 생활은 친환경적입니다. 아침이면 새들의 노랫소리를 들으며 깨어납니다. 사방에 철따라 여러 종류의 꽃들이 피어납니다. 요즈음에는 제 눈에 꽃이 보입니다. 꽃에 대한 새로운 발견입니다. 꽃에는 두 종류가 있는 것 같습니다. 하나는 꽃 그 자체가 생명의 목적인 종류로 장미나 철쭉, 개나리, 진달래와 같은 꽃들입니다. 이와 같은 것들은 꽃을 피우기 위해서 존재하는 것 같습니다.

다른 하나는 과실수의 꽃입니다. 라파의 명상의 뜰에는 살구 나무와 자두 나무가 있습니다. 그래서 4월과 5월이면 이 두 나무에 참으로 화사한 살구 꽃과 자두 꽃이 피어납니다. 벚꽃의 흐드러지는 아름다움과 비교해도 전혀 손색이 없습니다. 살구 열매와 자두 열매는 이 꽃이 피고 진 후에야 맺히기 시작합니다. 꽃은 목적이 아닙니다. 열매가 목적입니다. 꽃이 피고 진 그 자리에 열매가 들어서는 것입니다.

우리의 인생도 이와 같은 것이 아닐까 싶습니다. 열매 맺는 인생이 되려면 먼저 인생의 꽃이 활짝 피어야 합니다. 인생의 꽃피움 없이 열매를 거둘 수는 없는 것 같습니다. 인생의 꽃이 활짝 핀다는 것은 내 인생을 마음껏 살아보는 것을 뜻합니다. 원 없이 '나는 나' 라는 기분으로 살아보는 것입니다.

중독자들은 마음껏 살아본 적이 거의 없는 사람들입니다. 흥청망청 술 마시며 제멋대로 살아온 것 같지만 그들의 내면은 언제나 억압되고 속박되어 자유함이 없는 삶이었습니다. 그래서 인생의 꽃을 제대로 피우지도 못했습니다. 꽃이 피고진 자리가 없기에 인생의 열매 또한 거둘 수가 없었습니다.

꽃피우는 인생은 꿈꾸는 인생입니다. 꿈이 없는 인생은 죽은 인생입니다. 꿈은 삶의 의미이자 희망이며 동력입니다. 꿈은 우리를 살아 있게 하고 움직이게 하며 나아가게 합니다. 꿈이 있어야 인생이란 나무에 꽃이 핍니다.

어떤 사람은 꿈을 이루지 못해 중독이 됩니다. 또 어떤 사람은 반대로 꿈이 없어서 중독이 되기도 합니다.

25살 J형제는 후자의 경우였습니다. 그는 꿈이 없어서 중독이 되었습니다. 세상을 한창 재미있게 살 나이에 그는 중독이 되었고 자기의 미래상을 다음과 같이 그렸습니다.

"나는 이렇게 술 마시고 살면서 숱한 죄를 짓다가 결국 교도소에서 죗값을 치르고 죽게 될 거라 생각했습니다. 한편으로는 교도소에 가면 먹여주고 재워주니 차라리 그게 더 좋을지도 모른다는 생각을 하면서 말입니다. 그게 제 미래에 대한 생각이었습니다."

그런 비관적인 생각을 가지고 살던 J형제에게 서서히 변화가 일어났습니다. 라파공동체에 입소해 단주 기간이 길어지면서 그에게 새로운 꿈과 희망이 새록새록 샘솟기 시작한 것입니다.

새벽 묵상 시간에 가끔 그가 혼자 히죽히죽 웃는 것을 발견할 때가 종종 있었습니다. 그리고 어떤 날은 그가 이렇게 기도했습니다.

"하나님, 전에는 아무런 꿈도 희망도 없었는데 지금은 꿈과 희망을 갖고 살게 해주셔서 고맙습니다. 오늘은 제가 요리사가 되어 식당을 하면서 쉬는 날을 이용해 가난하고 어려운 사람들에게 밥을 해주는 생각을 했습니다. 이렇게 새로운 꿈을 갖게 해주셔서 감사합니다."

영생을 얻기 위해 예수님 앞에 나온 부자 청년관원의 이야기를 묵상하던 날, J형제가 이렇게 소감을 나누었습니다.

"여기 이 부자 청년은 모든 계명을 다 지켰잖아요. 그런데 저는 살인하지 말라는 계명 빼고는 하나님의 계명을 다 어기고 살았거든요. 그런데 이 부자 청년도 따르지 못한 예수님을 저는 지금 따르고 있잖아요. 참 신기합니다. 성경말씀에 사람이 할 수 없는 것을 하나님이 하신다고 했는데 나를 보면 참말인 것 같아요. 죄만 짓고 살았는데 이렇게 예수님을 따르는 사람이 되고 모든 것이 바뀌게 되었으니 하나님께 정말 감사합니다."

그의 간증을 들으면 살아계신 하나님이 느껴집니다. J형제님은 자기보다 한 살 어린 남동생 손에 이끌려 조금은 겁먹은 얼굴로 라파에 왔습니다. 누가 동생이고 누가 형인지 잘 분간이 되지 않았습니다. 형의 술 문제를 보다 못한 동생이 형을 정신병원에 입원시키기로 결정한 것은 몇 달 전이라 했습니다. 그러나 가족들과 함께 정신병원을 방문해 보니 이건 아니구나 하는 생각이 들었습니다. 마침 J형제가 병원비나 마련한 후에 입원하자며 고집을 피우는 바람에 그렇게 하기로 했습니다. 그러나 J형제는 월급을 타자마자 그 돈을 한 푼도 남김없이 술 마시는 데 사용했습니다. 그리고 미치광이처럼 행동했습니다. 술을 마신 후 동생을 죽여버리겠다고 집으로 쳐들어와서는 가구며 집기며 보이는 대로 살림을 다 부수는 바람에 동생은 겁을 먹고 도망갔습니다. 그러자 형은 웃통을 벗고 완전히 미친 사람이 되어 난동을 부리다가 거울 앞에 앉아 미친 듯이 거울과 대화를 나누었습니다. 동생은 그 광경을 핸드폰 카메라로 동영상 촬영을 해놓았습니다. 이튿날 동생이 집으로 돌아가 보니 유리창과 거울이 깨져 있고 형은 머리에서 피를 철철 흘린 채 죽은 듯 누워 있었습니다. 병원으로 옮겨 목숨은 겨우 살릴 수 있었습니다. 동생은 자기가 찍은 동영상을 형에게 보여주었습니다. 술 취했을 때의 자기의 끔찍한 모습을 본 J형제는 동생의 말대로 순순히 라파공동체에 입소하게 되었습니다.

라파공동체에 입소한 이후 J형제의 생활은 순탄치 않았습니다. 초등학생 시절부터 학습 장애가 있었던 J형제는 라파공동체의 모든 프로그램을 힘겨워했습니다. 마치 무뇌아마냥 잠자기에 바빴습니다. 새벽 묵상 시간에도, 교육 시간에도, 집단 상담 시간에도 그는 틈만 나면 고꾸라지듯 쓰러져 잠을 잤습니다. 자다가 퍼뜩 일어나 자기 뺨을 찰싹찰싹 때려대며 머리를 흔드는 형제님의 모습을 종종 발견할 수 있었습니다.

그렇게 아무 의미 없는 것 같은 시간이 몇 달간 흘렀습니다. 그러던 어느 날 그의 귀에 하나님의 말씀이 들리기 시작했습니다. 할렐루야! 그가 하나님의 말씀에 반응하기 시작했습니다. 콩나물 시루에 뿌린 물이 밑으로 다 빠져나가도 콩나물은 자라나듯 어느새 J형제님의 심령이 시루에 담긴 콩나물처럼 조금씩 살아나기 시작했습니다. 그러더니 이제 그 살아있음이 눈으로 보이기에 이르렀습니다. 낭비하지 않으시는 하나님을 찬양합니다.

라파공동체에 입소해 치료를 받고자 하는 분들의 연령대는 사오십 대가 주를 이룹니다. 그리고 20대 중독자들이 차지하는 비율은 10% 정도 됩니다. 그런데 그 비율이 점차 늘어나고 있습니다. 이것은 심각한 문제입니다. 아직 피어보지도 못한 꽃송이들이 중독이란 광풍에 휩쓸려 뿌리째 뽑혀나가고 있음을 의미하기 때문입니다. 그것은 국가적인 문제입니다. 나라의 미래와 운명을 결정하는 문제입니다. 그 젊은이들이 장차 나라와 미래의 주인이 될 것이기 때문입니다. 20대 중독자들의 특징은 단연 컴퓨터와 인터넷으로부터 시작된다는 것입니다. 온 나라가 인터넷 강국임을 자축하고 있을 때 가정과 나라를 병들게 하는 중독이란 치명적 바이러스가 어느새 우리 자녀들을 파멸의 길로 이끄는 도구가 되고 있는 것입니다.

20대 알코올 중독자들에게는 다중 중독의 흔적이 뚜렷이 나타납니다. 어떤 이는 알코올 중독에 게임 중독이고, 어떤 이는 알코올 중독에 성(性) 중독자입니다. 또 어떤 이는 게임 중독에 성 중독이기도 합니다. 이처럼 두 가지 이상의 중독을 동시에 가지고 있는 경우를 '다중 중독'이라고 합니다. 그리고 중독과 다른 정신 장애, 이를테면 우울증이나 조울증과 같은 기분 장애나 성격 장애 등을 동시에 갖고 있는 경우를 중복 장애라고 합니다. 그런데 20대 중독자들의 임상적 심각성은 이들에게서 이러한 다중 중독과 중복 장애의 경향이 농후하다는 점에 있습니다. 당연히 치료는 더 어려워질 수밖에 없습니다. 치료의 난이도가 배로 증가하기 때문입니다. 그 주범은 바로 컴퓨터와 인터넷입니다. 컴퓨터를 통한 인터넷의 가상 세계에 빠진 젊은이들에게는 실제의 삶과 생활이 그다지 의미가 없습니다. 컴퓨터와 인터넷에 깊이 빠져들면 들수록 그들은 세상으로부터 고립되고 현실감을 상실합니다. 인간관계에서 누리고 느끼는 풍요로움과 따뜻함의 정서가 완전히 고갈됩니다. 그들은 망상을 품고 현실에서 도피합니다. 인터넷을 통한 포르노 중독에 빠져 가히 복구가 불가능할 정도로 영혼이 망가집니다. 포르노 중독, 섹스 중독과 같은 성 중독자들은 종교 활동에 심취하는 경향이 있습니다. 겉으로 보기에는 참으로 열심히 교회 생활을 합니다. 이유는 간단합니다. 자기의 죄를 스스로 너무 잘 알고 있기 때문입니다. 그들은 날마다 교회에 나가거나, 하나님 앞에 나아가 회개의 기도를 올립니다. 그러나 회개의 기도를 올린 그날 밤도 그들은 어김없이 성적 행위에 빠져듭니다. 그러므로 교회 안에 있는 젊은이들 중 성 중독에 시달리고 있는 젊은이의 숫자가 결코 만만치 않다는 것에 우리는 유의해야 합니다.

　게임 중독이나 성 중독에 빠져 있는 젊은이들에게 나타나는 주요 특징은 아무런 인생의 꿈이 없다는 것입니다. 미래에 대한 꿈이 없는 것뿐 아니라 현재에도 아무런 소망이 없습니다. 그들은 대체로 무기력하며 나태합니다. 우유부단하고 어찌할 줄을 모릅니다. 어떤 젊은이는 가상의 여자에 집착하여 현실에서는 여성과 아무런 관계를 맺지 못합니다. 어떤 여성은 자기 몸을 만나는 남자에게 그대로 내어줍니다. 남자가 나를 버릴까 두려워 그녀는 자기 몸을 만나는 남자에게 너무 쉽게 허락합니다.

언젠가 미술치료 시간에 한 성 중독자 형제가 그린 그림이 잊혀지지 않습니다. 자기 마음의 상태를 그림으로 그리는 시간이었습니다. 그 형제는 하얀 도화지 위에 검정 색으로 덕지덕지 도배를 했습니다. 그것이 그림이었습니다. 다 자란 어른의 그림이었습니다. 얼마나 큰 충격이었는지 모릅니다. 그러나 그 그림이 그의 마음 상태, 영혼의 상태를 가장 잘 반영하고 있는 것만은 분명해 보였습니다. 모든 것이 어둠입니다. 그것은 희망의 상실을 의미합니다. 혼돈의 카오스를 의미합니다. 또한 그 검정 색깔은 어둠과 혼돈뿐 아니라 더러움을 의미하는 것이었습니다. 자기가 자기를 더럽다고 생각하는 것입니다. 그것이 젊은 성 중독자들의 슬픈 자화상입니다.

라파공동체를 설립하면서 공동체의 로고에 대해 고민할 때 우선적으로 떠오른 두 그림이 있었습니다. 하나는 올리브 이파리를 물고 날아오르는 비둘기였고, 또 하나는 애벌레에서 나비로 변해 막 날아오르는 모습을 형상화한 영국 치료 공동체 켄워드 트러스트의 로고였습니다. 두 그림 다 억압과 압제, 생의 굴레로부터의 자유와 해방을 상징하는 것이었습니다.

중독으로부터의 치유는 중독의 불가항력적 굴레로부터 중독자들을 자유케 하고 해방하는 것입니다. 사람들이 스스로 죄의 굴레로부터 벗어날 수 없듯 중독자들도 스스로 중독의 굴레로부터 벗어날 수 없습니다. 오직 자유케 하시고 해방을 가져다주시는 하나님만이 그 일을 하실 수 있습니다.

"주님, 중독의 늪으로 하염없이 빨려 들어가는 이 땅의 젊은이들을 굽어 살피소서. 저들을 지켜주시고, 저들을 살려주소서. 젊어서부터 중독에 빠져 허덕이는 저 어린 생명들에게 주의 자비를 베푸소서. 저들의 심령에 꿈을 부어주소서. 우리가 그 일을 기쁨으로 감당케 하소서."

그가 남긴 메모

K형제님이 공동체에 입소한 지 채 열흘도 되지 않아 말없이 공동체를 떠났습니다. 그가 끼적거린 메모에는 이런 글이 적혀 있었습니다.

하루가 일 년 같다.
여기 계시는 형제님들에게 죄송하고 미안하다. 염치가 없다.
시간이 갈수록 무거운 짐만 지우는 내가 허락되지 않는다.
생활보호대상 조건도 되지 않으니 조건이 맞지 않는다.
난 어쩌란 말인가! 막연하다.
사회에 나가 살 수 있는 기반이 있어야 한다.

일하면서 단주하고 싶다.

불안, 초조, 환청, 환시, 적막감….

항상 멍하다. 머리 회전이 되지 않는다.

돼지 같은 밥벌레.

모임 시간이 두렵고 부담스럽다.

나 스스로 중독자라는 걸 인정해야 하는데…

알코올 중독이 웬말이오.

이 메모에는 노숙자이며 알코올 중독자인 K형제님의 입소 초기 심리 상태가 잘 나타나 있습니다. 그리고 그의 이런 심리 상태는 공동체에 입소하는 대부분의 형제님들에게서 쉽게 발견할 수 있습니다.

과연 이 메모가 의미하는 것은 무엇일까요?

K형제님이 남긴 메모를 보면 그의 마음이 어디에 있는지 알 수 있습니다.

그는 미래를 준비하고 싶었습니다.

그는 일하고 싶었습니다.

그는 돈을 벌고 싶었습니다.

육신이 멀쩡한데 남의 식객이 되어 밥만 축내고 사는 것 같아 마음이 영 개운치 않았습니다.

자신에게 술 문제가 있기는 하지만 알코올 중독이라고까지는 생각되지 않았습니다.

그래서 그는 공동체를 나가기로 결심했습니다.

이런 결심을 말해 봐야 자기 말을 들어줄 것 같지 않았습니다. 또 신세만 지고 그냥 나가려니 너무 미안했습니다. 그래서 그는 말없이 사라지기로 결심하고 이른 새벽, 아무도 일어나지 않은 새벽에 공동체를 나섰습니다. 여기까지가 아마도 K형제님이 공동체를 말없이 나간 이유가 아닐까 싶습니다.

인간적으로 보면 잃어버린 시간을 되찾고, 미래를 준비하기 위해 애쓰려는 마음을 읽을 수 있습니다. 누가 그의 이런 마음을 잘못되었다고 말할 수 있겠습니까?

그러면 그는 잘한 것일까요?

그렇지 않습니다. 미래를 염려하고 돈을 벌고자 하는 그의 마음은 틀리지 않았지만, 그가 자기 자신에 대해 분명히 깨닫지 못한 것은 잘못이었습니다.

K형제님은 자신이 '치료' 받아야 하는 알코올 중독자라는 사실을 분명히 알아야 했습니다. 지금은 다른 그 어느 것보다 치료에 전념하는 것이 가장 중요한 일임을 깨달아야 했습니다. 알코올 중독의 문제가 해결되지 않은 채 알코올 중독자들이 할 수 있는 일은 아무것도 없다는 것을 깨달아야 했습니다.

그러나 유감스럽게도 K형제님은 자기 자신이 누구인지를 아는 데 실패했습니다. 아니 알았다 해도 인정하고 싶지 않았습니다.

알코올 중독을 치료하기 위해서는 오랜 시간, 피나는 노력을 기울여야 한다는 사실을 알지도 못했고 인정하기도 싫었습니다. 요컨대 그는 초보 알코올 중독자였던 것입니다.

얼마나 오랜 시간이 걸려야 그 형제님이 자기 자신을 바로 보고 치료에 임할 수 있을까요?

치료받지 못한 중독자가 할 수 있는 일은 아무것도 없다는 것을 언제쯤 깨달을 수 있을까요?

그러기까지 얼마나 많은 고난과 고통, 좌절을 겪어야만 할까요?

알코올 중독자에게 가장 먼저 필요한 것은 직장이 아닙니다. 직업이 아닙니다. 돈이 아닙니다. 미래를 위한 준비가 아닙니다. 그들에게 가장 먼저 필요한 것은 자기 자신이 알코올 중독이란 병을 앓고 있음을 자각하는 일입니다. 그리고 그 병을 치료하는 일입니다.

치료가 먼저입니다. 치료되어야만 직장이 의미가 있고, 미래가 희망으로 다가올 수 있습니다.

K형제님이 남겨놓은 메모 속에는 알코올 중독자의 내면 깊숙한 곳에 무엇이 있는지를 짐작케 하는 단서가 있습니다.

알코올 중독에 대해 깊이 알지 못하는 가족들은 장가를 보내면, 직장을 소개해 주면, 집을 얻어주면, 가게를 얻어주면 그의 술 문제가 해결되리라는 순진한 기대를 갖고 있는 경우가 많습니다. 물론 이것도 초기 몇 년 동안은 효과가 있습니다.

그러나 알코올 중독을 치유하지 않고 그들이 온전한 삶을 살아간다는 것은 100% 불가능합니다. 중독 치유의 핵심은 그 사람을 변화시키는 것입니다. 그의 내면을 변화시키는 것입니다.

알코올 중독자의 내면은 수치심과 죄책감으로 가득 차 있습니다. 이 수치심과 죄책감을 걷어내고 자존감을 회복하는 것이 곧 치유입니다.

알코올 중독 치유에 필요한 것은 쉼과 안식입니다. 쉼과 안식을 통해 육신의 건강을 회복하고 정신적 안정을 꾀해야 합니다. 그래야 자기를 돌아볼 수 있는 영적, 심리적 에너지를 자기 자신에게 집중할 수 있습니다.

그러나 열등의식의 근원을 이루는 수치심과 죄책감은 쉼과 안식을 허락하지 않습니다.

편안히 쉬고 있을 때 알코올 중독자들의 내면에서는 '이러면 안 돼. 네가 이럴 여유가 어디 있어. 너는 참 게으르구나!' 하는 질책의 목소리가 들려옵니다.

대가 없는 섬김을 받으며 맛나게 식사를 한 후 평안히 방에 누워 있을라치면 '너는 밥 벌레야. 아무 쓸모없는 인간이야.' 하는 소리가 들리기도 합니다.

이처럼 그의 내면 깊숙한 곳에 숨겨져 있는 수치심과 죄책감이 그를 마구 흔들어 놓습니다.

그럴 때 이 수치심과 죄책감을 가리기 위해 무언가 해야만 한다는 강박적 충동이 치밀어 오릅니다. 대부분의 중독자들이 이런 충동에 휩싸이면 짐을 꾸리고 공동체를 떠납니다. 쉼과 안식이 그의 수치심과 죄책감을 더욱 드러내기 때문입니다.

수치심과 죄책감은 깊숙한 곳에 감추어져 정작 자신은 자기가 그런 감정들에 의해 영향 받고 있다는 사실을 거의 인식하지 못합니다. 돈만 있으면, 직장만 있으면, 이런 수치심과 죄책감이 보상될 것 같다는 생각이 의식 표면에 떠오릅니다.

그리고는 곧 결단의 시간이 다가옵니다. 공동체에서 하는 일 없이 빈둥대며 밥이나 축내는 밥 벌레에서 벗어나려면 어서 여기를 떠나야 한다는 생각이 머리를 가득 채웁니다. 그러니 그가 공동체에 남아 있을 이유가 무엇입니까? 수치심과 죄책감을 가릴 수 있는 길이 발견되었으니 하루라도 빨리 공동체를 떠나야 할밖에요.

수치심과 죄책감에 깊이 빠져 있는 자기를 건강한 자기로 되돌려 놓는 일, 그것이 바로 중독의 치유입니다.

그리고 거기에 중독 치유의 복잡성과 어려움이 있습니다.

12

회복은 저절로
주어지지 않는다

남김 없이 내려놓기

　중독 치료에 대한 연구가 가장 활발한 곳은 아마도 미국일 것입니다. 알코올 문제뿐 아니라 마약 또한 심각한 사회 문제이기 때문에 중독 문제는 미국의 중요한 국가적 과제가 되고 있습니다.
　미국 UCLA 중독 연구소는 회복의 단계를 모두 다섯 개로 나누었습니다. 첫 번째는 금단 단계로 단주 후 15일까지를 말합니다. 말 그대로 금단 증상으로 고통을 겪는 단계입니다. 두 번째는 허

니문 단계로 단주 후 15일에서 45일까지를 말합니다. 이때는 단주하는 것이 너무 놀랍고 신기해서 마치 신혼여행 때처럼 단주의 즐거움으로 가득 찬 단계입니다. 세 번째는 장벽 단계로 통상 단주 후 45일에서 120일까지입니다. 이 단계에서는 모든 것이 회색빛으로 보입니다. 단주해 봤자 돌아오는 게 아무것도 없는 것 같고, 인생의 낙이 없어 우울한 단계입니다. 이렇게 사느니 차라리 마시며 사는 게 더 좋다고 느껴지는 단계입니다. 네 번째는 조정 단계로 120일에서 180일까지입니다. 부딪치는 모든 문제들이 장벽이 아니라 해결되어야 할 과제임이 인식되고 단주의 삶, 회복의 삶을 다시 조정하는 단계입니다. 다섯 번째는 해결 단계로 단주 후 통상 180일, 즉 여섯 달이 지난 후의 단계입니다. 이때가 되어야 비로소 술로 인해 비롯되었던 모든 문제들이 하나 둘 해결되기 시작합니다. 삶에 대한 진정한 책임감이 주어지고, 자기 삶을 살아가기 시작합니다.

 시기에 대해서는 사람마다 차이가 있을 수 있으나 회복에 이르는 이 다섯 단계가 존재하는 것은 분명한 것 같습니다. 이 다섯 단계에 저는 하나를 더 추가하고 싶습니다. 그것은 심화 단계라 말할 수 있습니다. 이 시기는 단주 후 180일에서 360일까지, 즉 여섯 달에서 1년까지의 단계입니다. 이 단계는 재조정 단계로써 단주의 새로운 삶이 다방면에서 심화되는 단계라 할 수 있습니다. 이 단계는 특히 영적인 발견과 깨달음이 실천을 통해 심화되는 단계입니다. 이 단계를 거쳐야 보다 진정한 의미에서의 해결이 시작된다고 볼 수 있습니다.

이 단계는 영적인 각성과 깨우침이 없으면 넘어서기 힘든 단계입니다. 모든 것을 온전히 내려놓아야만 넘어갈 수 있는 단계입니다.

온전한 회복을 위해 반드시 필요한 것은 내려놓는 것입니다. 남김없이 내려놓는 것입니다. 내려놓는다는 것은 움켜진 것을 놓는 것입니다. 내려놓음 없이는 채움이 없고 움켜진 것을 버리지 않고는 새로운 것을 잡을 수 없습니다.

알코올 중독을 치료하기 위해 누구나 라파공동체에 올 수 있습니다. 그러나 아무나 수료할 수 있는 것은 아닙니다. 자기 안에 있는 버려야 할 것을 남김없이 다 내려놓은 사람, 움켜진 것을 다 버린 사람만이 회복의 길에 들어설 수 있고 단주할 수 있습니다.

지난날 도박 중독자였던 J할머니가 예수님을 만나 새사람이 되었습니다. 모든 것을 내려놓고 주님만 의지하며 살아가게 되었습니다. 자식들에 대한 죄책감도, 자신의 그릇된 삶에 대한 회한도, 미래에 대한 근심 걱정도 다 내려놓고 주님이 주신 평안 속에서 살아가게 되었습니다.

"할머니는 사실 만큼 다 사셨으니까 내려놓고 마시고 할 것도 없잖아요. 저는 이제 새파란 20대인데 도대체 뭘 내려놓으라는 거예요. 채워도 채워도 모자랄 판인데…."

J할머니가 20대 알코올 중독자인 S형제님에게 기회 있을 때마다

다 내려놓아야 한다고 말씀하지만 S형제님은 그 말이 도무지 이해되지 않습니다. 설령 말로는 내려놓아야 한다는 것을 알고 있다 해도 그것을 마음으로 받아들이는 것은 쉽지 않습니다. 행동으로 실천하기는 더더욱 어렵습니다.

단주 회복의 길에 들어선 C형제님이 고백합니다.
"지난날에는 왜 그런 것들을 가슴속에 깊숙이 품고 살아왔는지 모르겠어요. 그런 쓰레기들을 왜 내 마음 깊은 곳에 마치 보석인 양 숨기고 살았는지 모르겠어요. 어쩜 그렇게 우둔하게 살아왔는지…."

알코올 중독이 되어 사업이 망하고 아내는 가출했습니다. 자신은 초라한 노숙자가 되었습니다. 자식들을 할머니에게 맡기고 집을 떠난 지도 벌써 몇 해가 지났습니다. 그 사이 자살 시도까지 해봤지만 모진 목숨, 죽으려 해도 죽지 못하고 살아도 사는 게 아닌 삶을 살다가 드디어 예수님을 만났습니다. 그의 인생이 180도 바뀌었습니다. 지난날의 수치를 많은 사람 앞에서 드러낸 후 후련한 숨을 내쉬며 밝힌 C형제님의 고백입니다. 버려야 할 것들은 알고 보면 쓰레기들인데 그것을 마치 보석인 양 가슴에 묻고 살아왔다는 형제님의 표현이 참으로 절묘했습니다.

"내 마음속에 끈질기게 남아 있던 복수심을 내려놓습니다. 내가 단주하려고 했던 것도 이 복수심 때문이었습니다. 보란 듯이 단주에 성공해서 나를 버리고 떠난 아내에게, 나에게 모욕을 준 처가 식구들에게 복수하고 싶었습니다. 복수는 내가 살아야 할 이유였고, 술을 끊고 성공해야 할 이유였습니다. 그것이 잘못된 것인 줄 알고는 있었지만 그것마저 내려놓으면 내 속이 텅 빌 것 같아서 차마 내려놓지 못했습니다. 그러나 이제 그것을 내려놓습니다. 그것을 내려놓으니 이렇게 자유롭습니다."

아내로부터 이혼당하고 분을 삭이지 못하던 L형제님이 마침내 아내에 대한 복수심을 내려놓기로 했다고 고백합니다. 그것마저 없으면 자기가 세상을 살아가야 할 아무런 이유도 없을 것만 같아 꼭 움켜쥐고 왔는데 그것이야말로 부질없는 것, 자기 인생을 파멸로 이끌 다이너마이트 같은 것임을 이제야 깨달았다고 말합니다. 가슴속에 좋은 것을 품고 살아야 하는데 폭약을 품고 살았으니 그 마음의 고통이 어떠했을지 짐작되고도 남습니다.

단주 1년이 되어 H형제님이 퇴소를 준비할 때 영세민 아파트가 나왔습니다. H형제님은 뛸 듯이 기뻤습니다. 천하를 얻은 것 같은 기쁨에 마음이 한없이 부풀어 올랐습니다. "하나님 감사합니다." 감사의 기도가 절로 나왔습니다. 내 집이 생겼습니다. 중년의 오랜 시간을 정신병동에서 보냈던 H형제님에게 내 집이 생긴 것입니다. 공동체를 수료하고 독립을 준비해야 할 시기에 아파트가 나온 것을 보니 하나님의 은혜요 선물인 것이 분명해 보였습니다. 이백오십만 원만 있으면 H형제님은 그 아파트의 주인이 될 수 있었습니다. 그러나 H형제님의 수중에는 몇 십만 원뿐이었습니다. H형제님은 돈을 마련하기 위해 동사무소, 은행 등을 뛰어다녔습니다. 그러나 영세민(국민의료기초수급자)에게 그만한 돈을 꾸어주는 곳은 아무 데도 없었습니다. 좌절감과 분노가 치밀어 올랐습니다. 세상으로부터 버림받은 기분이 들어 견디기 힘들었습니다. 은근히 공동체에 대한 기대가 생겼습니다. '공동체에서 도와주겠지. 목사님이 어떻게 해서든 도와주실 거야. 그냥 도와달라는 것도 아니고 이다음에 벌어서 갚겠다는 거니까 길이 열릴 거야.'

그런 은근한 기대로 살아가고 있을 때, 목사님으로부터 "형제님, 그 아파트 포기하세요. 하나님께 드리세요." 하는 청천벽력과도 같은 말을 듣게 되었습니다. 눈앞이 캄캄해지면서 열불이 났습니다. 닥치는 대로 다 부숴버리고 싶은 충동이 일었습니다. 그러나 노여움을 안고 그는 기도했습니다. 오랜 기도를 통해 H형제님은 지금이 하나님의 때, 하나님께서 허락하신 때가 아님을 깨달았습니다.

"주님, 이 아파트를 내려놓습니다. 주님의 때에 주님께서 다시 주실 줄 믿습니다."

차마 내려놓을 수 없는 것을 내려놓았을 때 그의 마음에 뿌듯함이 일었습니다. 가장 소중한 것을 주님 앞에 내어놓을 수 있는 자기 자신이 좋았습니다. 이듬해 다시 아파트가 나왔고 H형제님은 자기가 번 돈으로 떳떳하게 그 아파트로 입주했습니다.

"이제야 제 아내를 내려놓습니다. 아내에게 진정으로 자유를 주고 싶습니다. 나를 떠나도 좋다고 편지를 썼습니다. 나를 떠나는 것이 그녀에게 도움이 된다면 그렇게 하라고, 당신이 원하는 대로 하라고 편지를 썼습니다."

이렇게 말하는 C형제님의 얼굴에서 차분함과 담담함을 발견할 수 있었습니다. 그것은 억지로 하거나, 강요된 압박에 의해 내린 결정이 아니었습니다. 그 스스로가 그렇게 느끼고 행동에 이른 것입니다. 중독은 의존하는 병입니다. 홀로서지 못하는 병입니다. 특히 아내에게 의존하는 병입니다. 그러므로 아내를 떠나지도 못하고 떠나보내지도 못합니다. 그렇게 남편과 아내가 의존을 통해 서로 질곡으로 묶여 있는 것이 중독입니다. 이 묶임을 풀어야 합니다. 그래야 자유함이 있습니다. C형제님이 이제 진정한 홀로서기를 시도하고 있습니다. 자신과 아내의 참 자유를 향한 새로운 여정을 시작하고 있습니다. 그가 아내를 내려놓자 아내가 그에게 다가왔습니다. 그리고 용서를 선포했습니다. 용서받은 C형제님의 얼굴이 해처럼 빛났습니다.

중독은 남을 탓하는 병입니다. 자기 책임을 회피하고 대신 남을 비난하는 병입니다. 그러한 그릇된 행동의 이면에는 '자기 의'가 있습니다. '자기 의'란 자기가 옳고 바르다는 인식이자 신념입니다. 사물이나 사건에 대해 공정하거나 합리적이지 않은 주관적 자기 기준에 사로잡혀 있음을 의미합니다. 중독자들이 지니고 있는 자기 의는 지극히 비합리적인 경우가 많습니다. 그것은 자기 자신에 대한 내면의 부성적 이미지가 밖으로 투사된 것일 가능성이 높습니다. 마음속 깊은 곳에서는 자기 자신이 옳지 않다는 것을 인식하고 있지만 이를 생활 속에서 인정하고 받아들이지 못한 결과인 것입니다. 치료가 높은 단계로 진행되려면 반드시 자기 의를 내려놓아야 합니다. 단주 1년이 되어갈 즈음에 L형제님이 고백했습니다.

"내 의를 내려놓습니다. 내가 옳고 저들이 틀린 것이 아니라 저들이 옳고 내가 틀렸음을 인정합니다. 그것을 내려놓기가 너무 싫었습니다. 끝까지 내가 옳고 싶었습니다. 그러나 이제 그것을 내려놓습니다. 오직 주님만이 옳은 분이심을 인정합니다. 그분이 내 삶 모든 것의 기준이심을 인정합니다."

중독으로부터의 회복에서 가장 큰 적은 돈입니다. 돈은 우리 생활에서 꼭 필요한 것입니다. 그러나 그것을 잘 다루지 못할 때 재앙의 근원이 됩니다.

성경은 '돈을 사랑함이 일만 악의 뿌리'(딤전 6:10)라고 말합니다. 알코올 중독의 뿌리에도 돈을 사랑함이 있습니다. 사랑해야 할 것은 자기 자신과 가족입니다. 하나님과 이웃입니다.

그러므로 돈에 집착하지 말고 자족의 능력을 배워야 합니다. 비천에 처할 줄도 알고 풍부에 처할 줄도 알아야 합니다.

"지금까지는 돈이 최고라고 생각했습니다. 돈 없는 것이 한탄스러웠고, 남들이 잘되면 배가 아팠습니다. 그러나 이제 그런 생각들이 나를 술 마시게 했다는 것을 깨닫습니다. 돈이 시험인 동시에 하나님이 맡기신 거라는 사실을 모르고 살았습니다. 하나님께서는 돈(세상의 부)을 어떻게 관리하는지에 따라, 우리에게 영적인 복(진정한 부)의 관리를 맡기시는 분임을 이제야 깨달았습니다."

P형제님이 돈을 내려놓는 순간입니다. 그 빈 손으로 이제는 예수님을 꽉 붙들게 되었습니다.

교만은 재발에 이르는 첩경입니다. 교만은 재발을 불러옵니다. 그러나 겸손은 온전한 단주 생활을 지속시켜 줍니다. 중독 치유 현장에서 겸손은 내 힘과 능력으로 이 병을 고칠 수 없음을 인정하는 것입니다.

내가 할 수 있다는 자신감을 내려놓는 것을 말합니다. 그것을 내려놓는 사람만이 하나님을 의지하게 되고 하나님께 나아가게 됩니다.

"내 교만을 내려놓습니다. 내가 할 수 있다는 자신감도 내려놓습니다. 내 의지와 능력, 내 힘으로 이 병을 고칠 수 없음을 겸손히 인정합니다. 나는 언제든 조건만 주어지면 술을 마실 수밖에 없는 어쩔 수 없는 중독자임을 인정합니다. 오늘도 저는 기도합니다. 오늘 하루 동안 단주할 수 있도록 하나님께서 지켜주시기를."

성숙한 회복자들은 겸손을 아는 사람들입니다. 교만이 멸망의 선봉임을 누구보다 잘 알고 있는 사람들입니다.

온전한 회복을 위해 모든 것을 내려놓아야 합니다. 정욕과 탐심을 내려놓아야 하고, 근심과 걱정도 내려놓아야 합니다. 내려놓되 남김없이 내려놓아야 합니다.

남김 없이 내려놓지 못한 그것들은 훗날 재발을 불러오는 결정적인 방아쇠가 됩니다. 다 내려놓는 삶, 그것은 회복의 삶이자 신앙의 삶입니다. 주님만을 전적으로 의지하는 믿음의 삶입니다. 우리 주 예수 그리스도에 대한 믿음이 있는 사람만이 내려놓기를 감행할 수 있습니다. 주님이 중독 치료의 중심에 있어야 하는 이유도 여기에 있습니다.

모든 것을 내려놓는다는 것은 결국 자기를 내려놓는다는 말입니다. 비로소 자기를 부인한다는 말입니다. 그때가 되어야 "날마다 자기를 부인하고 자기 십자가를 지고 나를 따르라"는 주님의 명령이 들리기 시작합니다. 시온의 대로가 활짝 열리듯 회복의 대로가 활짝 열리는 것입니다.

폭포수를 뒤로 하고 노 저어가기

'재발 방지'(Relaps Prevention)는 중독 치유를 위한 교육과 훈련의 주요 주제입니다. 알코올 중독 치료의 가장 확실한 목표는 단주입니다. 단주 생활을 지속적으로 유지하려면 반드시 재발을 방지해야 합니다. 그러나 재발도 회복의 한 과정이라는 사실을 잊지 말아야 합니다. 다시 말해 재발의 과정을 한두 번 밟지 않고 단번에 지속적인 단주에 성공하기란 여간 어려운 게 아닙니다.

지속적인 단주에 성공하기까지 사람들은 한 번, 두 번, 세 번, 혹은 열 번, 심지어 어떤 이들은 이십 번 이상의 재발을 경험합니다. 여기서 재발이라 함은 '명백히 단주해야겠다는 자발적 의지를 가지고 이를 실천하고 있는 사람이 다시 음주하는 경우'를 말합니다.

단주에 대한 분명하고도 확고한 목표 의식을 가지고 있음에도 불구하고 다시 재발하게 되는 데에는 많은 이유가 있습니다. 그 많은 이유를 일일이 열거할 수는 없지만 '재발 방지 훈련과 노력을 게을리하거나 중단하는 것'이 주요 요인 중 하나인 것만은 분명합니다. 지속적인 단주 생활을 유지하는 것은 마치 '폭포수를 뒤로 하고 노 저어 가는 것'과 같습니다.

노 젓기를 게을리한다거나 중단한다면 그 배는 곧 폭포수에 휩쓸려 난파되고 말 것입니다.

어떤 사람은 등 뒤에 폭포수가 있다는 것이 너무 긴장되고 싫어서 그 폭포수로부터 벗어나기 위해 열심히 노를 저어 앞으로 나아갑니다. 그러나 너무 열심히 젓다가 노가 부러지는 바람에 다시 폭포수에 휩쓸려 들어가기도 합니다. 역설적이지만 너무 열심히 노를 저어도 안 됩니다. 천천히 여유 있게, 유장한 마음으로 단주의 노를 저어야 합니다.

또 어떤 사람은 열심히 노를 저어 폭포수로부터 안전한 곳까지 이릅니다. 그곳에 가보니 많은 사람들이 저마다 열심히 고기를 잡고 생업에 종사하고 있는 것을 보게 됩니다.

어떤 이는 훨씬 크고 견고한 배를 가지고 있고, 어떤 이는 작지만 성능이 우수한 배를 가지고 있습니다. 그들을 이기기 위한 열망이 그를 압도합니다. 나도 저들처럼 살고 싶다는 강한 열망으로 그는 닥치는 대로 할 수 있는 모든 일을 합니다. 더 많은 고기를 잡기 위해 밤낮을 가리지 않고 일합니다. 그러다 어느 날 눈을 들어 보니 그의 배는 다시 폭포수 앞에 떠밀려 와 있고 마침내 배는 난파됩니다.

과욕은 금물입니다.

모든 재발에는 징후가 있습니다. 특히 다음과 같은 생각이 들기 시작한다면 그것은 강력한 재발의 징후가 됩니다.

'나는 다 치료되었다.'
'하나님께서 다 고쳐주셨다.'

'중독이 싫다. 지긋지긋하다.'
'정상인처럼 살고 싶다.'
'훈련도 싫다. 노력도 싫다. 언제까지 이렇게 살아야 하나.'
'이제 그만 조용히 살고 싶다.'
'짜여진 생활에서 탈피하고 싶다. 모임에 나가기 싫다.'
'술 끊어봤자 아무 낙이 없다.'

중독은 영원히 치유되지 않는 불치병입니다. 우리는 다만 단주할 수 있을 뿐 중독이라는 병을 완전히 치유할 수는 없습니다. 다시 말해 단주할 수는 있지만 조절해서 마실 수는 없습니다.
재발의 폭포수에 빠지지 않으려면 폭포수를 뒤에 두고 꾸준히 노를 젓는 방법밖에 없습니다.
하나님이 함께하시면 노 젓기는 전혀 힘들지 않습니다. 불안하지 않습니다. 두렵지 않습니다. 그것은 오히려 거친 폭포수 앞에서 자신의 생을 위해 분투하며, 중독이라는 자신의 운명의 굴레에 저항하는 인간의 아름답고 거룩한 모습입니다. 그리고 바로 거기가 하나님을 만나는 은혜의 자리요, 축복의 자리입니다.

(단주 생활을 다르게 표현하면 흘러가는 강물과 바람에 노를 맡기고 평안히 떠내려가는 것과도 같습니다. 즉 평안한 삶, 여유로운 삶이 단주 생활의 첩경입니다.)

한 손에 성경, 한 손에 빅북

회복 중인 알코올 중독자가 평생 옆에 두어야 할 두 권의 책이 있다면 그것은 성경과 빅북입니다. 회복 과정에 있던 100여 명의 알코올 중독자들의 회복 경험을 통합하여 1939년에 출간된 익명의 **알코올 중독자들**(*Alcobolic Anonymous*), 일명 빅북은 판을 거듭해오면서 전 세계 회복 중인 알코올 중독자들이 반드시 읽고 따라야 하는 불후의 명작이 되었습니다.

세월이 흘러도 성경이 처음 내용 그대로 기독교의 경전이 되어 왔듯 회복을 위한 AA 12단계를 제시하는 빅북도 중독의 문제가 살아 있는 한 변함없이 전 세계 알코올 중독자들에게 처음 쓰여진 그대로 읽히고 사용될 것입니다.

알코올 중독으로부터의 회복을 갈망하는 사람들에게 빅북은 성경만큼이나 가치 있는 책입니다. 성경을 통해 사람들은 영생에 이르는 구원을 받습니다. 마찬가지로 빅북을 통해 알코올 중독자들은 알코올 중독이란 죽음의 병으로부터 구원되어 새 삶을 찾는 놀라운 경험을 하게 됩니다.

성경은 사랑의 책입니다. 성경을 통해 우리는 사랑을 배우고 사랑을 경험합니다. 성경이 말하는 하나님의 사랑, 십자가의 사랑은 무조건적이고 헌신적입니다. 죄인들을 향한, 병든 자들을 향한 이 무조건적이고 헌신적인 사랑을 만날 때, 중독자들은 회복의 길,

생명의 길에 들어서게 됩니다. 나 같은 중독자를 사랑하시는 그 크고 놀라운 하나님의 사랑을 만날 때 중독자들은 삶의 의미를 되찾고 생의 의욕을 되찾게 됩니다. 비로소 새로운 삶이 시작되는 것입니다.

빅북 역시 사랑의 책입니다. 다만 성경이 모든 사람을 대상으로 하는 것과 달리 빅북은 그 대상이 알코올 중독자로 제한됩니다. 즉 빅북은 알코올 중독자의, 알코올 중독자에 의한, 알코올 중독자를 위한 책입니다. 이 책에서 말하는 사랑은 '냉정한 사랑' 입니다. 오직 냉정한 사랑만이 죽어가는 알코올 중독자들을 살릴 수 있습니다. 마시는 중독자들에 대한 무조건적인 사랑, 헌신적인 사랑은 오히려 그들로 하여금 더 마시게 하고, 더 의존하게 하는 독이 될 수 있습니다.

그러므로 알코올 중독자를 도우려는 사람들, 그들을 죽음의 늪에서 건져 올리고자 하는 사람들, 그들을 치유와 회복의 길로 인도하고자 하는 사람들, 그들은 사랑의 전문가가 되어야 합니다.

그들의 한 손에는 성경이, 다른 한 손에는 빅북이 들려 있어야 합니다.

그때 비로소 '치유하는 사랑' 이 능력을 발휘하기 시작합니다.

회복의 즐거움

중독으로 인해 잃어버리는 것은 사랑과 신뢰입니다. 또한 사랑과 신뢰를 잃어버린 중독자들의 인간관계는 모두 파탄나고 맙니다.

그러나 단주하는 회복자들에게는 지난날 잃어버렸던 소중한 것이 하나 둘 돌아오기 시작합니다. 사랑과 신뢰도 그 중 일부입니다.

삶 속에서 사랑과 신뢰를 잃어버린 인생은 죽은 인생입니다. 알코올 중독을 죽음의 병이라고 부르는 까닭이 여기에 있습니다. 육체가 죽음을 향하여 악화되어가는 것뿐만 아니라 우리의 영혼이 사랑과 신뢰를 잃고 시름시름 죽어가는 것입니다.

단주 과정에 있는 H형제님이, 다니고 있는 직장에서 대리로 승진했습니다. 회사가 형제님을 신뢰하기 시작한 것입니다. 술 마시고 있는 동안 어디에서도 받을 수 없었던 그 소중한 '신뢰'를 이제 되찾기 시작한 것입니다.

코이노니아 교제 시간에 R자매님이 자신이 누리는 회복의 기쁨을 이렇게 표현했습니다.

"오빠들이 이제 제 전화에 따뜻하게 응답해 줘요. 전에는 같은 말이라도 듣기 싫어하고 귀찮아하는 기색이 역력했는데 이제는 그러지 않아요. 어제는 오빠가 우리 집에 와서 글쎄 '우리 경란이가 참 예뻐졌구나' 라고 칭찬해 주더라고요. 다음에 올 때는 용돈을 주겠다면서. 전에는 술 마실까 봐 돈은 일체 주지 않았거든요."

내일 모레면 쉰 살이 되는 자매님이 '참 예뻐졌구나, 착해졌구나' 하는 칭찬에 어쩔 줄 모릅니다. 이제 자기를 믿고 용돈을 주는 오빠가 너무 고맙습니다. 꿈이 이루어지는 것입니다.

어느 날 저녁, Y형제님이 생일 턱으로 공동체 식구들에게 저녁을 대접했습니다. 자기 생일에 맨정신으로 손님들을 초대해 저녁 식사를 대접하는 것은 평생 처음 있는 일이었습니다. 그날 형제님을 감동시킨 것은 자기를 믿어주는 여동생의 신뢰였습니다.

저녁 식사를 대접하라고 여동생이 자기 신용카드를 내어준 것입니다. 예전 같으면 도저히 있을 수 없는 일이 일어났습니다. 그 카드를 받아들면서 형제님의 마음이 쿵쾅쿵쾅 울리기 시작했습니다.

처음에는 카드가 가져다주는 흥분 때문에 쿵쾅거렸고, 두 번째는 카드가 가져다주는 감동 때문에 쿵쾅거렸습니다.

'이놈만 있으면 마음껏 마실 수 있다. 술과 여자!'

카드를 받아든 순간 지난날 쾌락의 순간들이 죽지도 않고 떠올랐습니다.

그러나 곧 '아, 이제 여동생이 나를 믿어주는구나!' 하는 감동이 밀려왔습니다. 그리고 그 감동이 쾌락을 향한 욕정을 눌렀습니다.

회복의 여정에서 되찾은 이 사랑과 신뢰의 가치를 무엇과 견줄 수 있을까요?

우리를 부르시고 깨어진 모든 관계를 회복케 하시며 화목케 하시는 주님을 찬양합니다.

귀여운 당신 (1)

술 안 마시는 알코올 중독자를 일반인과 구별할 수 있을까요? 쉽지 않을 것 같습니다. 마실 때는 세수도 제대로 안 하고 머리도 제때 감지 않으며 이빨도 제때 닦지 않아서 남들에게 혐오감과 불쾌감을 주는 모습을 보이기도 하지만, 술 마시지 않는 중독자들은 깔끔하게 자신을 가꾸고 있기 때문에 일반인들과 구별하는 것이 쉽지 않습니다.

그러나 이런 분은 알코올 중독자가 아닐까 의심해 볼 만합니다. 상식적인 얘기지만 코끝이 빨간 사람은 십중팔구 알코올 중독자일 가능성이 많습니다. 알코올 중독은 아닐지라도 그 사람이 대단한 술꾼임에는 틀림없을 것입니다. 코끝이 빨갛다는 것은 알코올이 몸의 돌출부 말초신경까지 영향을 미치고 있다는 증거니까요.

또 있습니다. 앞 이빨이 없는 분들도 알코올 중독자일 확률이 상당히 높습니다(물론 앞 이빨 없는 분들이 다 중독자라는 말은 아닙니다). 사연인즉 이렇습니다.

술에 만취가 되어 길을 걸을 때 갑자기 아스팔트가 일어납니다. 전봇대도 마찬가지입니다. 나는 가만히 있는데 갑자기 전봇대가 정면으로 다가와 확 쓰러지는 것입니다. 그러면 나는 꼼짝없이 아스팔트에 맞고 전봇대에 맞아 앞 이빨이 부러지는 수모를 당하게 됩니다(여간 취하지 않고는 정면으로 아스팔트 바닥에 엎어지거나 전봇대에 부딪치기가 쉽지 않습니다).

또 어떤 때는 취중에 시비가 붙어 주먹이 오가는 상황이 발생하는데 그때 정면으로 상대방의 주먹을 맞고 앞 이빨이 부러지는 경우도 있습니다. 만취한 상태가 아니라면 상대방의 펀치를 피할 수 있겠지만 자기 몸조차 가누지 못하는 만취자는 그럴 수가 없습니다.

Y형제님도 앞 이빨이 여러 대 부러진 알코올 중독자였습니다. 그러나 지금은 술 안 마시는 중독자가 된 지 여러 해가 되었습니

다. 주님을 믿고 주님 안에서 단주하는 '온전한 생활'이 시작된 것입니다.

믿음을 갖게 된 Y형제님은 하나님께 이렇게 기도했습니다.

"하나님은 무슨 일이든 하실 수 있사오니 앞 이빨이 다시 나게 해주세요. 아니면 앞 이빨을 해 넣을 수 있도록 돈을 주세요."

그 기도를 몇 년 동안 해왔지만 하나님은 이빨이 나게도, 돈을 보내주시지도 않았습니다. 그렇다면 하나님께서 Y형제님의 기도를 들어주시지 않은 것일까요?

지난해부터 Y형제님은 데이트를 시작했습니다. 앞니 빠진 모습으로 말입니다. 많은 우여곡절을 겪으며 데이트는 지금도 계속되고 있습니다. 그런데 최근 그 자매님이 Y형제님에게 들려준 말이 있습니다.

"이빨 빠진 당신의 모습이 귀여워요."

사랑에 눈이 멀면 상대방의 모든 것이 아름답게 보이게 마련입니다. 그래서 앞니 빠진 모습도 그렇게 귀여워 보일 수가 있는 것인가 봅니다.

아닌 게 아니라 그 간증을 나누는 Y형제님의 모습이 유난히 귀여워 보였습니다.

하나님께서는 이빨이 나게 하시는 대신 이빨 빠진 그 모습 그대로를 사랑하는 아름다운 여인을 선물로 주셨습니다. 언제나 더 좋은 것으로 베풀어 주시는 주님을 찬양합니다.

이제 하나님께서는 Y형제님에게 이빨을 해 넣을 수 있는 돈도 보내 주실 것입니다. 육신의 온전한 회복을 도모하여 주실 것입니다.

그러면 우리는 이제 곧, 더욱 귀여워진 Y형제님을 보게 될 것입니다.

귀여운 당신 (2)

신데렐라가 되는 꿈.
백만장자가 되는 꿈.
졸지에 거액의 상속자가 되는 꿈.

이 꿈들은 보통의 평범한 사람들 마음속에 늘 남아 있는 본능화된 욕구가 아닐까 싶습니다.

모든 인간에게 있는 이런 꿈들은 어쩌면 하나님을 향한 인간의 본능적 희구에서 나오는 것인지도 모릅니다. 자기의 연약함과 불완전함의 자각에서 오는…. 그래서 자기의 불가능한 꿈들을 이루어주실 그 누군가를 기대하는 것은 아닐까 싶습니다. 하나님은 그 이룰 수 없는 꿈을 이루어 주시는 분이십니다. 다만 하나님은 그 모든 꿈들을 당신의 뜻 안에서 이루어 주십니다.

마침내 Y형제님의 꿈이 이루어졌습니다. 하나님이 창조하신 육신의 온전한 형상이 회복되기에 이르렀습니다. 새 이빨이 생기게 된 것입니다.

하나님께서는 우리들 한 사람 한 사람의 영과 혼과 육신이 온전히 회복되길 원하십니다. 그리고 이 일을 당신의 시간표에 맞춰 하나씩 이루어 가십니다. 그러므로 우리에게 필요한 것은 믿고 기다리는 일입니다. 그리고 그 일들이 내게 이루어지는 것을 즐기고 누리는 것입니다.

앞 이빨이 없을 때, Y형제님이 예수님을 알지 못할 때, 그는 사람들과 얘기할 때나 웃을 때면 언제나 손으로 입을 가렸습니다. 앞 이빨이 없다는 것이 창피하고 수치스러웠기 때문입니다.

그러나 예수님을 만나 그리스도인이 된 다음부터, 그는 손으로 입을 가리지 않게 되었습니다. 다소 볼썽사납긴 하지만 그 모습 그대로의 자기 자신을 수용하고 용납하게 되었습니다. 하나님의 사랑받는 자녀가 되면서 외모가 더 이상 그를 구속하지 못하게 되었습니다. 뭉그러진 자존감이 회복되었고 그의 영혼은 자유했습니다.

영혼을 회복시켜 주신 하나님께서 그에게 데이트를 허락하시더니 '여친'에게 이빨이 없어도 '귀여운 당신'이 되게 해주셨습니다. 자기의 부족한 모습을 그대로 수용하게 하신 하나님께서 이번에는 여친의 영혼도 정결케 하사 사람을 외모로 판단하지 않고 인간 그 자체로 바라보게 하는 은혜를 주셨습니다.

요컨대 이 남자와 여자에게 사랑이 들어온 것입니다. 그렇게 외모와 조건에 구애받지 않는 사랑을 확인케 하신 하나님께서 이번에는 많은 사람들을 붙여주셔서 Y형제님의 '이빨 공사'를 시작하셨습니다.

이빨 치료를 맡으신 의사 선생님께서 보시고는 '답이 안 나온다'고 하셨습니다. 그러자 Y형제가 말했습니다.

"제가 살아온 인생과 이빨 상태가 똑같은 것 같아요."

사실 우리 모두가 다 그렇게 험악한 인생을 살아왔습니다. 어찌 Y형제님만의 일이겠습니까? 그러나 죄가 깊은 곳에서, 좌절과 실망이 깊은 곳에서 우리는 전능하신 하나님, 만군의 여호와, 사랑이신 하나님을 만납니다. 자비와 긍휼이 무궁하신 나의 아버지 하나님을 만납니다.

하나님을 대신하여 Y형제님의 치과 치료를 담당하시기로 결정하신 새누리교회 사랑구역 형제, 자매님들께 감사합니다. 너무 많은 돈이 들까 봐 두려워서 병원에도 제대로 갈 수 없었던 저희에게 사랑을 나누어 주시고 물질로 채워주셔서 너무나 고맙습니다.

새 이빨을 주시는 하나님 감사합니다. 우리의 머리터럭 한 올 한 올까지 다 세신 바 되신 하나님의 섬세한 돌보심에 감사합니다.

궂은 일 봉사대

지난 달 공주 열방공동체 교회에 형제님들과 함께 노동 봉사를 다녀오면서 '궂은 일 봉사대'에 대한 마음이 일었습니다. 알코올 중독으로 인해 우리 형제님들은 모든 것을 다 잃었습니다. 이제 남은 것이라곤 몸뚱이밖에 없습니다. 아무것도 가진 게 없다는 생각은 우리 형제님들을 비참하게 만듭니다. 가진 것이 그저 몸뚱이뿐이라는 사실이 서글프고 처량하기까지 합니다.

모든 것을 다 잃었다는 상실감이 회복의 초기 단계를 압도합니다. 그러나 회복의 중기 단계로 들어서면 내게 남아 있는 것이 있다는 사실에 감사하게 됩니다. 내게 온전한 몸뚱이가 남아 있다는 것이 얼마나 감사한 일이며 축복인지 깨닫게 됩니다. 온전한 몸뚱이가 있는 한, 다시 해볼 수 있다는 가능성과 소망이 내 몸 안에 있음을 자각하고 이를 감사하게 됩니다. 그리고 더 높은 회복의 단계에 이르면 그 몸으로 남을 섬기고 봉사하려는 마음이 생겨납니다. 내게 남아 있는 이 몸으로 남을 위해 뭔가 유익하고 보람 있는 일을 하고 싶은 거룩한 섬김의 마음이 일어나는 것입니다.

지금까지는 나 자신만을 위해 살았지만 이제 앞으로 남은 인생은 나보다 더 못한 이들을 도우며 살고 싶다는 소박한 열망이 일어납니다. 내 몸을 남을 위해 내어놓고 싶은 것입니다. 가난한 교회, 개척 교회, 일손이 부족한 교회를 위해 내어놓으려 합니다. 궂은 일을 찾아서 섬기고자 합니다. 궂은 일 봉사대는 바로 그런 마음에서 출범했습니다.

중독이 진행되는 과정은 몸에서부터 시작됩니다. 처음에는 몸이 망가지고, 이어서 정신과 마음이 망가집니다. 그리고 마침내 영혼이 황폐하게 됩니다. 회복의 과정과 순서도 이와 같습니다. 먼저 몸이 회복되고, 이어서 마음이 회복되며, 마지막에 영혼이 회복됩니다.

어제도 공동체 형제님들과 함께 영동에 있는 묵정침례교회에 봉사를 다녀왔습니다. 어린이 공부방을 꾸미는 일을 도와주고 왔습니다. 도배를 하고, 장판을 깔아주고, 페인트칠을 해주었습니다. 몸으로 할 수 있는 모든 일을 했습니다. 형제님들의 이마 위에 수고의 땀방울이 청포도 익어가듯 송글송글 맺혔습니다. 얼마나 아름다운 모습이었는지 모릅니다.

"혼자서는 도저히 할 수 없던 일인데 이렇게 여러 분이 오셔서 도와주시니 너무 고맙습니다."는 감사의 인사도 듣고, 맛난 점심과 함께 맛있는 자두, 옥수수 등을 간식으로 챙겨 돌아왔습니다.

바야흐로 우리의 몸, 우리의 삶이 남에게 도움이 되는 가치 있는 삶으로 거듭나고 있었습니다.

"누구든지 그리스도 안에 있으면 새로운 피조물이라 이전 것은 지나갔으니 보라 새 것이 되었도다"(고후 5:17).

우리를 불러 회복시키시고, 가치 있는 삶을 살게 하시며, 새로운 사람으로 만들어주신 주님께 감사할 따름입니다.

회복의 꽃, 용서

아버지

중독으로부터의 회복에서 가장 중요한 한 사람을 고르라면 바로 어머니, 혹은 아버지일 것입니다. 하나님 성품의 두 핵심은 사랑과 공의입니다. 그 두 성품이 어머니를 통한 사랑과 아버지를 통한 공의의 실현으로 나타납니다. 물론 이 사랑과 공의는 동시에 충족되어야 하며 왜곡됨 없이 충족되어야 합니다.

대부분의 알코올 중독자들의 어머니는 무제한적인 헌신, 맹목적인 사랑을 보이는 경향이 있습니다. 다시 말해 '공의가 있는 사랑'을 행하지 못한다는 것입니다. 아버지의 공의가 없는, 어머니의 맹목적인 사랑은 이렇듯 왜곡된 사랑일 가능성이 높습니다.

많은 알코올 중독자들의 아버지 상은 부정적이거나 왜곡되어 있습니다. 그들의 아버지는 알코올 중독자였거나 몹시 가부장적이고 권위적이었을 가능성이 매우 큽니다. 아들에게 지나친 요구를 하고, 이것이 이루어지지 않으면 폭력을 행사하는 무서운 아버지였을 수도 있습니다. 따라서 아버지와 아들 사이에 다정하고 진지한 대화 같은 것은 아예 기대조차 하지 못할, 무서운 관계였을 가능성이 많습니다.

또 자수성가한 아버지인 경우도 있습니다. 그는 아들에게 강하고 성공적인 사람이 되라고 강박적으로 요구했을 가능성이 매우 큽니다. 그것이 아들에게는 아마도 인생 전체의 강박이 되었을 것입니다.

대부분의 남자 알코올 중독자들은 남자 권위자와의 관계를 잘 맺지 못합니다. 그것은 자기가 가지고 있는 아버지상을 남자 권위자에게 투사하기 때문입니다. 아버지로부터 박해를 받은 중독자들은 그들의 권위자들이 자기를 박해할까 봐 두려워합니다. 즉 박해 불안이 있습니다. 그래서 그 박해를 피하기 위해 권위자에게 잘 보이려 하거나, 아니면 권위자와의 관계를 잘 맺지 않으려 합니다.

그러나 모든 중독자들의 마음속에는 권위자와 좋은 관계, 친밀한 사랑의 관계를 맺고자 하는 강한 무의식적 열망이 존재합니다. 그것은 내 진짜 아버지와 맺지 못했던 아름다운 관계를 다른 누군가를 통해 경험하고자 하는 열망에서 비롯되는 것입니다.

온전한 회복에 이르는 과정에서 모든 알코올 중독자들은 왜곡된 아버지상을 극복해야 합니다. 하나님을 나의 참 아버지로 모셔들이는 영적 경험이 있어야 합니다. 아울러 실제 치료 현장에서는 치료자를 정신적 아버지, 좋은 아버지로 경험하는 심리적 성숙의 과정이 병행되어야 합니다. 우리 라파공동체의 생활이 '가정에 기초를 두고'(home based), 가정 생활을 재경험하도록 고안되어 있는 것도 바로 이런 이유에 근거합니다.

중독 치료의 중심에 용서가 있습니다. 그리고 그 용서의 대상은 주로 아버지, 어머니와 같이 가장 가까운 사람들입니다. 치료란 용서를 이루어 가는 한 과정입니다. 그리고 용서는 중독의 극복을 위해 하나님께서 우리에게 주신 최고의 선물이요 해독제입니다. 중독이란 용서받지 못해서, 혹은 용서하지 못해서 생긴 병입니다. 그리고 이 두 측면이 혼돈 속에서 서로 엉켜 있는 마음의 병입니다.

술을 마시면 처음에는 뇌가 제 기능을 발휘하지 못하게 됩니다. 대뇌 전두엽의 기능이 떨어져 바른 이성적 판단이 흐려집니다. 그러다 중독이 만연되고 고착되면 술을 마시고 있을 때나 아닐 때나 판단력 자체가 제 기능을 발휘하지 못하게 되어 늘 흐릿한 상태로 살아갑니다. 그래서 내가 용서를 구해야 하는지, 아니면 용서를 해줘야 하는지에 대해서조차 바르게 분별하지 못합니다.

중독에서 벗어나기 위한 과정에서 용서는 복합적인 역동을 나타냅니다. 치유 초기에는 자기 자신의 죄와 잘못보다 다른 사람의 잘못이 더 커 보입니다. 집 나간 아내나, 자기를 이런 공동체에 보낸 가족들이 용서되지 않습니다. 가족들이 좀 더 따뜻하게 자기를 사랑으로 대해 줬다면 자기가 중독까지는 되지 않았을 거라고 생각합니다. 겉으로는 자기가 잘못했다고 이야기하면서도 속으로는 그런 꽁한 마음을 가지고 있는 것입니다.

그러다 시간이 좀 더 지나고 정신이 맑아지면, 자신의 죄와 허물이 적나라하게 보이기 시작합니다. 진짜 고통스러운 사실들과 마주칩니다. 그 시간을 지나면서 형제님들은 자기가 용서를 구해야 하는 존재임을 깨닫게 됩니다.

또 시간이 지납니다. 중독의 원인을 공부하면서 중독이 이미 어린 시절부터 시작된 역기능적 상처의 결과였음을 깨닫고 이로 인해 분노와 원망의 감정이 되살아나기 시작합니다. 그것은 주로 부모에 대한 것입니다. 어린 시절 나를 학대하고 유기한 부모님, 커다란 마음의 상처를 준 부모님이 용서되지 않습니다.

이제 회복의 중요한 관문을 지나야 할 때가 되었습니다. 완전하지는 않았지만 나름대로 최선을 다했던 나의 부모를 용서해야 할 때입니다. 그들도 알고 보면 나보다 더 심한 역기능 가정에서 성장했기에 보고 들은 그대로를 내게 행한 것뿐임을 이해하고 받아들이는 것입니다. 그때야 비로소 이미 이 세상을 떠난 망부, 망모와의 용서와 화해가 이루어집니다.

"무서운 아버지 때문에 내 마음속에는 일찍부터 불안 심리가 자리잡고 있었습니다. 그 불안이 싫어서, 그 불안을 떨쳐버리기 위해 술을 마셨던 것 같습니다. 아버지가 있는 집에 들어가기도 싫었습니다. 그러다 보니 밖에서 술 마시는 것이 일상이 되었고 중독자가 되었습니다."

회복 중인 형제님들에게서 흔히 듣게 되는 아버지와의 관계와, 그것이 중독에 미쳤던 영향에 대한 진술입니다. 아마도 그것은 사실일 것입니다. 그러므로 그들 부모로부터 용서와 사과를 받아야 하는 것도 마땅한 일입니다. 그러나 이제 그분들은 이 세상에 계시지 않습니다. 그러면 여기 중독으로 남은 자들은 어떡해야 한단 말입니까? 용서해야 합니다. 그분들을 위해서가 아니라 남아 있는 나 자신을 위해서, 회복해야 하는 나 자신을 위해서 용서해야만 합니다.

회복 기간이 길어지면서 먼저 가신 아버지, 어머니에게 내가 저질렀던 온갖 불효가 떠오릅니다. 그리움이 샘솟듯 솟구쳐 오릅니다. 그 그리움이 사랑이 되어 원망으로 가려졌던 그분들의 사랑을 기억하기 시작합니다. 나의 부모님도 나를 사랑했던 것입니다. 그들이 나에게 험하게 대했던 것들도 다 내가 잘되라고 그랬던 것입니다. 그분들은 부족하지만 최선을 다하셨던 것입니다. 이 세상에 자식을 사랑하지 않는 부모는 없습니다. 용서가 마음 깊은 곳에서부터 하늘로 올려집니다.

'아버지, 어머니를 용서합니다. 이 못난 자식도 용서해 주십시오.'

"이 자리를 빌려 돌아가신 아버님께 말씀드리고 싶습니다. 그리고 여러분 앞에서 고백하고 싶습니다. 아버님, 사랑합니다. 이 말을 꼭 하고 싶었습니다."

지난 단주 파티 때 아버지를 용서하는 L형제님의 눈가에 송글송글 이슬이 맺혔습니다.

"너, 아버지 원망 그만해라. 네 아버지 성격이 그렇긴 했지만 이 녀석아, 네가 가출해서 며칠씩 안 들어올 때 이 에미는 괘씸해서 문을 꽉 잠가버렸어. 그런데 네 아버지는 어땠는지 아니? 너를 기다리느라 잠도 못 드셨어. 걸어놓은 빗장 풀고 밤새 기다리신 게 네 아버지였다구."

전에는 이런 이야기를 들으면 귀를 닫고 마음을 닫았다고 했습니다. 아버지를 옹호하는 얘기는 듣기도 싫었다고 했습니다. 그런데 며칠 전 어머니가 다녀가시면서 이 얘기를 들려주시는데, 마음 깊은 곳에서 눈물이 왈칵 치솟더라는 것입니다.

용서의 때가 왔습니다. 용서를 통해 중독의 깊은 쓴뿌리가 잘려나가고 있었습니다. 따뜻한 용서와 화해, 사랑이 그 자리에 뿌리내리기 시작했습니다. 용서를 통해 아름다운 회복의 꽃이 피어나고 있었습니다.

공동체 6개월 과정을 수료하면서 H형제님이 남긴 글의 일부입니다.

"성경책을 생전 보지도 않던 제가 새벽 묵상을 할 때마다 말씀 한 구절 한 구절이 모두 다 저의 지나온 삶에 대한 반성할 점과 앞으로의 삶 속에서 지켜나가야 할 말씀이라는 것을 깨달았습니다. 그것이 올바른 삶이라 생각합니다. 이곳의 모든 교육을 받으며 깨달은 것은, 저의 가장 큰 문제는 물론 술이지만 그것만큼이나 아버지와의 관계도 문제라는 것을 알았습니다. 아버지도 저처럼 할아버지에게서 받은 상처와 씻을 수 없는 기억들이 많았을 거라고 생각합니다. 성인아이적인 문제들, 술로 인해 받은 상처들 등등 지금껏 아버지와의 관계에서 있었던 문제, 사건들을 생각하면 아버지는 말로 좋게 표현하지 못한 것뿐이라고 생각됩니다. 세상의 모든 부모가 자식을 사랑하듯 아버지도 저를 사랑하신다는 것을 알면서도, 제 마음은 늘 닫혀 있었습니다. 이제 집으로 돌아가면 열린 마음으로 아버지와 나 사이를 가로막고 있는 커다란 빙하를 서서히 녹이고자 합니다. 다른 가정처럼 사랑이 넘치고 웃음이 끊이지 않는 그런 가정을 만들어 갈 것입니다(우리 집은 제가 술만 안 마시면 행복해질 것입니다). 그러기 위해서는 제일 먼저 단주를 해야 할 것입니다."

공동체를 통해 H형제님이 단주를 시작한 지 벌써 2년이 지났습니다. 지난 단주 파티에서 자신의 최근의 삶에 대해 이렇게 말했습니다.

"요즘 저는 말할 수 없이 행복합니다. 아버지와의 관계가 너무 좋아졌습니다. 그러니 술 마실 이유도 없어졌습니다. 변할 거라고는 도저히 생각지 않았던 우리 아버지가 변하는 모습을 보고 있노라면 소름이 돋을 정도입니다. 이분이 정말 우리 아버지가 맞나? 하는 생각이 들 때도 있습니다. 자식에게 말 한마디라도 다정하게 하시려고 애쓰시는 아버지의 모습에서 말할 수 없는 감동을 받습니다. 우리 집에 정말 놀라운 일이 일어나고 있습니다."

H형제님의 변화가 아버지의 변화를 이끌어 낸 동력이 된 것입니다.

돌아가신 아버지든 살아계신 아버지든, 아버지와 아름다운 용서와 화해를 이루어 화평을 찾고, 오늘도 단주 회복의 길을 굳건히 걷고 있는 여러 형제님들의 얼굴이 스쳐 지나갑니다.

용서를 이루시는 하나님, 당신은 멋지십니다.

"살아계신 하나님!

당신의 아버지 되심을 우리 모든 형제님들이 깨닫도록 도와주십시오. 제가 하나님의 아버지 되심을 이해시키는 조그마한 도구로 사용될 수 있도록 해주십시오.

우리 모든 형제님들이 지난날 육신의 아버지의 연약함을 이해하고 용납하고 용서할 수 있도록 깨달음의 은혜를 허락하여 주십시오.

그리하여 그들의 마음에 씻을 수 없는 상처로 남아 있는 아버지에 대한 원망과 회한, 분노, 말할 수 없는 죄책감 등이 깨끗이 아물고 씻어지도록 도와주옵소서.

이 세상에서 가장 고귀한 이름, 아버지!

그 이름을 우리 모든 형제님들의 마음속에 재생시켜 주시옵소서."

어머니

모든 경우에 해당되는 것은 아니지만 많은 알코올 중독자들이 엄격한 아버지와 헌신적인 어머니 밑에서 성장한 경험을 가지고 있습니다. 특히 아버지가 폭력적이고 학대적인 경우가 왕왕 있습니다. 그래서 이들은 아버지와는 대체로 소원하고, 어머니와는 심리적으로 융합되어 있는 모습을 보이는 경우가 많습니다.

아버지가 폭력적이고 학대적일수록 자식에 대한 어머니의 사랑은 점점 더 맹목적이고 무조건적인 것으로 변합니다. 아들에 대한 사랑의 집착이 그 어머니의 존재 이유가 되기도 합니다.

그러나 어머니가 자식에게 집착하면 할수록, 맹목적이고 무조건적인 사랑과 희생을 보이면 보일수록 알코올 중독에 빠진 자녀들은 점점 더 술의 늪으로 빠져듭니다.

급기야 자녀의 입에서 "어머니가 나를 알코올 중독자로 만들었다."는 차마 듣지 못할 말을 듣고 나서야 어머니의 사랑은 멈칫하기 시작합니다.

눈 먼 사랑은 알코올 중독자를 살리지 못합니다. 냉정한 사랑, 깨어 있는 사랑만이 알코올 중독자들을 회복의 길로 이끌 수 있습니다.

알코올 중독으로 죽어가는 자녀를 속수무책으로 바라보는 것처럼 어머니에게 고통스러운 일은 없습니다. 저 중독의 짐을 내가 대신 질 수만 있다면 그렇게 하련만, 그렇게 할 수도 없으니 그 고통은 이루 말할 수 없습니다.

죽어가는 자식을 차마 볼 수 없어서 어머니들은 이렇게 말합니다.

"나가 죽어버려, 차라리 죽어버려."

그것은 자식을 자기 목숨보다 더 사랑하는 어머니의 처절한 절규입니다.

알코올 중독은 아직 끝나지 않은 우리 시대의 비극입니다. 비극 중의 비극입니다. 서른 살 S형제도 언제부턴가 늘 그런 어머니의 절규를 들어야 했습니다.

"2000원 줄 테니 마시고 한강에 가서 빠져 죽어. 차라리 죽어버려."

집에서 술을 마실 수 없게 되면 근처 공원을 헤집고 다니며 남들이 먹다 남긴 술을 찾아서 먹는 그를 보고 어머니는 그렇게 말하곤 했습니다.

그런 S형제가 하나님의 집, 라파공동체에 와서 영적 각성을 통해 밝고 맑은 모습으로 단주하며 어머니와 통화할 때, 어머니의 입에서 진실한 사랑의 고백이 흘러나왔습니다.

"아들아, 사랑한다. 정말 사랑한다."

어머니의 참사랑이 울림과 떨림 속에 아들에게 전달되는 순간이었습니다.

사랑을 회복시켜 주시는 사랑의 하나님을 찬양할밖에요.

사랑의 반대말은 미움이 아니라 무관심입니다.

미움은 사랑의 또 다른 얼굴입니다.

미움은 사랑의 기대가 무산되는 곳에서 발생합니다.

그러므로 미움은 간절한 사랑의 기대입니다.

기대하고 기다리던 사랑이 오면 미움은 슬그머니 자취를 감춥니다.

가장 가까운 사람이 미움의 대상이 될 때 중독이 싹트기 시작합니다. Y형제님에게 어머니는 미움의 대상이었습니다. 아주 어린 시절 오랜 시간 동안, 부모님은 사업상의 실패로 인해 Y형제님을 외갓집에 맡겼습니다. 다른 형제들은 생활이 어렵더라도 부모님 곁에 있었지만, Y형제님의 경우 물질적으로는 부족함이 없는 반면 부모님이 없는 곳에서 성장했습니다. 부모님이 계신 곳은 물질은 없었지만 사랑이 있었습니다. 그러나 부모님이 계시지 않은 곳에는 물질은 있었으나 사랑이 없었습니다. 그 사랑에 대한 갈망은 그리움이 되었고, 그리움이 사무쳐 마음의 병이 되었습니다. 그리고 이루어지지 않는 사랑과 그리움은 미움이 되었습니다.

훗날, 부모님과 함께 살게 되어 그동안 받지 못했던 사랑을 한껏 받으려 할 때, 아버지가 세상을 떠났습니다. 먼저 떠나간 아버지에 대한 채워지지 않는 그리움은 어머니에 대한 곱절의 미움으로 변했습니다.

그때부터 Y형제님은 어머니에 대한 미움으로 살았습니다. 술에 깊이 빠져들수록 미움도 깊어 갔습니다. 어머니가 자식 한번 살려보겠다고 정신병동에, 폐쇄 기도원에 입원시킬 때마다 그 미움은 더욱 더 깊어졌습니다. Y형제는 어머니야말로 내 중독의 원인이요 술 마시는 이유라고 생각했습니다.

그러나 진실은 무엇입니까? Y형제님이 어머니의 사랑을 뼈에 사무치게 그리워하고 있다는 것! 바로 그것이 진실입니다.

새벽 묵상 시간, Y형제님의 간절한 기도가 주님께 올려졌습니다.

"은혜가 많으신 하나님, 지금도 이 못난 아들을 위하여 기도하고 계실 우리 어머니를 위해 기도합니다. 병들어 오래 사시지 못할 우리 어머니, 제발 오래 살게 해주세요. 제가 새사람 되어 다시 만날 때까지, 우리 어머니 살아 있게 해주세요. 못다한 효도 다 할 수 있도록 도와주세요."

오오, 그 아름다운 사랑의 기도가 우리 모두를 울렸습니다.
미움 속에 감추어졌던 사랑이 우리 앞에 나타난 시간이었습니다.
사랑을 보여주신 주님 감사합니다.

(이 아름다운 기도가 있은 후 오래지 않아 Y형제님은 재발하여 다시 술을 마셨습니다. 그리고 지난해, 그 어머니보다 먼저 하늘나라로 갔습니다. 그 아름다운 용서가 이생에서 열매를 맺지 못한 채….)

여동생

여동생을 그는 '금순이'라고 불렀습니다. 금덩이처럼 귀하고 귀하다, 해서 '금순이'라고 불렀습니다. 그 여동생이 지난 8월 단주 파티에 참석했습니다. 그리고 그 자리에 있던 우리 모두를 울렸습니다. 그날 그녀는 우리 모두의 '금순이'였습니다.

단주 2주년을 맞는 Y형제님은 평소에 늘 팔불출같이 여동생 자랑을 하곤 했습니다.

어떤 때는 열네댓 살 밑인 그 여동생에게 많은 것을 맡기고 의지하는 모습을 보이기도 했습니다. 무엇보다 감사한 것은 지난 수십 년의 음주 기간 동안, 그 끝 모를 고통의 시간 속에서도, 여동생은 그 형제님에게 싫은 소리도, 술 끊으라는 소리도 없이, 비난하거나 정죄함 없이 묵묵히 그 형제님을 지켜봐 왔다는 것입니다.

그 여동생이 오빠의 단주 2주년 기념식에 두 자녀를 데리고 참석했습니다. 그리고 입을 열었습니다.

"오늘 같은 날이 주어지다니 꿈만 같습니다. 지난날은 몹시 험악하고 고통스러웠습니다. 단칸방에서 오빠의 술주정을 받아내는 것은 너무도 고통스러운 일이었습니다. 그래도 오빠는 나를 직접적으로 괴롭히지는 않았습니다. 대신 술만 마시면 엄마를 괴롭혔습니다. 그러나 엄마를 괴롭히는 것이 내게는 더 괴로운 일이었습니다. '차라리 날 괴롭혀' 하는 절규가 마음속 깊은 곳에서 울려왔습니다. 힘들 때마다 교회에 가서 얼마나 절실하게 기도했는지 모릅니다.

'하나님, 우리 오빠가 죽어버렸으면 좋겠어요. 우리 오빠를 데려가 주세요.'"

여동생의 뺨에 눈물이 흘렀습니다. 듣는 우리들의 마음속에서도 굵은 눈물이 하염없이 흘러내렸습니다.

"내색하지 않으려고 이를 악물고 억척스럽게 살아왔습니다. 너무 고통스러워서, 그 고통을 가리려고 학교 다닐 땐 오락부장을 하기도 했습니다. 직장에서도 열심히 일했습니다. 마음속 상처를, 열등감을, 비참함을 가리기 위해서…. 그러던 어느 날 주님의 은혜로 오빠가 이렇게 좋은 공동체를 만나 단주할 수 있게 되었습니다."

여동생은 지난날을 털어놓으며 모든 사람에게 감사한다고 했습니다.

이야기를 마치고 단상을 내려오는 여동생의 얼굴에서 어둠이 물러가는 것이 보였습니다. 그녀의 얼굴은 눈물로 범벅이 되었지만 행복의 광채로 빛났습니다.

우리 눈의 모든 눈물을 닦아 주시는 주님을 찬양합니다.

이 가정 위에 주님의 은혜와 평강과 행복이 영원토록 함께하시기를 축원합니다.

그 여동생의 간증을 들으면서 제 여동생들이 생각났습니다. 지금까지 살아오면서 제대로 된 사랑 한번 주지 못하고 살아온 못난 오빠가 그 형제님뿐 아니라 나 자신이었음을 돌아보게 되었습니다. 여동생이 있다는 것은 축복입니다.

거짓 자기, 참 자기

 알코올 중독은 치료되어야 하는 병입니다. 어느 정도 지각 있는 중독자들은 그것이 치료되어야 하는 병임을 잘 알고 있습니다. 그러나 무엇이 치료되어야 하는 지를 잘 모르는 경우가 왕왕 있습니다.
 어떤 사람이 술을 1년 이상 지속적으로 끊고 있다면 그것은 그 사람이 치료되고 있다는 확실한 징표가 됩니다. 문제는 왜 어떤 사람은 단주에 성공하고 어떤 사람은 그렇지 못하냐는 것입니다. 즉 치료의 핵심, 그 사람의 단주 여부를 결정짓는 핵심 요소가 무엇이냐는 것입니다. 그것은 단주하는 사람과 단주하지 못하는 사람 간에 어떤 차이가 있는지 살펴봄으로써 답을 찾을 수 있습니다.

알코올 중독은 영적인 병입니다. 그래서 영적으로 각성되고 영적으로 변화된 사람은 단주할 수 있고, 영원한 단주를 유지할 수 있습니다. 그런데 영적인 각성, 영적인 변화는 영적인 대상, 영적인 실체인 하나님을 믿음으로 가능합니다. 그리고 이 믿음은 하나님께서 주시는 것입니다. 그러므로 그것은 우리 인간들의 사역이 아닙니다. 물론 하나님께서는 자기를 전심으로 찾는 자에게 자기 자신을 나타내는 분이고 그들에게 믿음을 주시는 분이므로 누구든지 주의 이름을 부르고 그분을 갈구하면 다 믿음을 가질 수 있고 영적인 사람으로 변화할 수 있습니다. 그러나 그것은 어디까지나 하나님께서 전적인 주도권을 행사하시는 일임을 기억해야 합니다. 하나님의 택함을 받고 그 택함에서 실족하지 않은 사람들은 누구든 평생 단주를 유지해 갈 수 있습니다.

알코올 중독은 마음의 병, 정신의 병입니다. 그래서 우리는 심리학, 정신분석학 등을 공부하여 중독의 마음, 중독의 정신의 실체가 무엇인지를 파악하려 하고 거기에서 답을 찾으려 노력합니다. 라파공동체 역시 공동체 전체 환경을 통하여 정신분석학적 치료 환경을 제공하려고 노력하고 있습니다. 현대 정신분석학의 새 지평을 열고 있는 대상관계 이론의 핵심은 '좋은 환경, 인격적인 환경 속에서 사람의 인격은 성장하고 발달한다.'는 것입니다. 그리고 잘 발달된 인격, 좋은 인격이란 '건강한 자기정체성'을 갖는 것이라고 말합니다.

또한 알코올 중독은 마음의 병, 정신의 병인 동시에 인격의 병입니다. 모든 알코올 중독자들은 인격적으로 미숙한 사람들입니다. 그래서 미숙한 인격을 성숙한 인격으로 고치는 것이 바로 치료의 핵심입니다. 바로 여기에 알코올 중독 치료의 어려움이 있습니다. 인격적으로 미숙한 사람들은 자신들의 인격, 혹은 성품을 변화시키려는 시도에 대해 강력하게 반발하고 저항하려는 경향이 있기 때문입니다.

왜 그럴까요? 그것은 '자기가 없거나 자기가 병들었기 때문에, 혹은 지나치게 자기가 약하거나 강하기 때문'입니다. 여기서 말하는 자기는 물론 심리 내적 실체를 말하며 자기에 대한 자기의 상을 포함합니다. 즉 자기가 없거나 자기가 병들거나 약한 사람들은 취약한 자기상, 건강하지 못한 자기 정체성을 취하게 됩니다.

이렇게 손상된 자기를 가지고 있는 사람들은 지나치게 자기중심적인 인격을 갖거나 지나치게 타인에게 의존하는 인격을 갖게 됩니다. 혹은 이 양 극단을 오가는 경계선적인 인격을 갖게 됩니다.

'자기'가 없는 사람은 늘 공허합니다. 살아도 사는 것 같지 않고 모든 일에 시들합니다. 그런 무기력감을 해소하기 위해, 그 내면의 깊은 공허를 채우기 위해 이들은 술을 마시고 중독됩니다.

반면 '자기'가 너무 지나친 사람은 사람들과 친밀한 관계, 사랑의 관계를 맺지 못합니다. 이들은 너무 자기중심적이고 이기적이기 때문에 사람들로부터 고립되어 있어 늘 외롭고 허전합니다. 그 공허를 메우기 위해 이들 역시 술을 마시게 되고 중독으로 이어집니다.

이 손상된 자기를 가지고 있는 사람들은 '자기'가 침범당한다고 생각되거나 무시된다고 여겨지면 엄청난 분노를 표출합니다. 그럴 때 알코올 중독자들은 그 분노를 이기지 못하고 결국 술을 마십니다. 반면에 지나치게 자기 자신을 억압해 온 사람들은 그런 상황이 와도 겉으로 분노를 표출하지 않습니다. 그들은 분노를 자기 안으로 삼켜 자기 안에 쌓아둡니다. 그러나 쌓인 분노는 반드시 폭발하게 되어 있고 그것이 재발의 뇌관이 되어 끝내 그를 술로 이끕니다.

단주하며 회복 중에 있는 대부분의 알코올 중독자들은 이 병이 인격병임을 알고 자신의 부족한 인격(성품)을 고치고 개선하려는 노력을 통해 단주에 성공하고 있습니다. 그것은 곧 그들이 건강한 자기정체성을 회복해 가고 있다는 말과 다르지 않습니다.

단주는 아무나 하는 것이 아닙니다. 단주에 대한 확고한 목적의식이 있어야 하고, 또 그것을 지키려는 인내와 끈기가 있어야 합니다. 그러나 손상된 자기를 가지고 있는 사람들은 삶에 대한 의미와 열의가 미약하고 목표 의식이 희미합니다. 인생에 대한 꿈과 소망도 별로 없습니다. 그들은 자신이 살아 있다는 것을 자기의 원초적 욕구를 충족하거나 쾌락을 추구함으로써 확인하려 합니다. 그러다 보니 사소한 자극에 마음이 상하고 재발의 길로 쉽게 빠져듭니다. 이런 이유로 중독 치료의 핵심이 '자기'에 있고 '건강한 자기'(건강한 자기정체성)의 회복에 있다고 말하는 것입니다.

그것의 치료 과정은 참가하는 모든 사람에게 분명한 목표 의식을 갖고 함께 협력할 것을 요구합니다. 치료하는 사람이나 치료받는 사람 사이에 깊은 신뢰와 사랑의 관계가, 안심하고 자신을 내어 놓는 관계가 될 것을 요구합니다. 이해받고 지지받으며 수용되는 분위기, 심판하고 정죄하지 않는 분위기, 안심하고 자기의 모든 수치와 허물을 드러낼 수 있는 안전한 관계, 안전한 환경이 필요합니다. 오직 그런 안전한 관계와 환경 하에서만 중독자들은 자기의 내면 세계를 오픈합니다. 자신과 같은 아픔과 고통을 겪고 있는 사람들 속에 있을 때 그들은 안정감을 느낍니다. 소속감과 유대감을 느낍니다. 처음에는 공동체 안에서 느끼게 되고 영적 각성이 시작되면 하나님 안에서, 그리스도 안에서 안정감, 소속감, 유대감을 느낍니다. 그런 환경 속에서 자기존중감도 서서히 증진되기 시작합니다.

자기를 사랑하고 존중할 줄 알면 중독의 문제는 해결됩니다. 또한 자기를 부인할 수 있을 때 중독의 문제가 해결됩니다. 이처럼 중독 치유의 핵심은 바로 이렇게 자기를 사랑하는 사람이 되고, 자기를 부인할 줄 아는 사람이 되는 데 있습니다.

주님께서도 말씀하셨습니다. 자기를 사랑하는 것처럼 아내를 사랑하고 교회를 사랑하고 이웃을 사랑하라고, 또 자기를 부인하고 날마다 자기 십자가를 지고 주님을 따르라고 말입니다.

세상에 자기를 사랑하기 싫어하는 사람은 없습니다. 문제는 사랑해야 할 대상으로서의 자기가 누구인지, 무엇인지를 잘 알지 못한다는 것입니다. 자기를 잘 알지 못하면 무엇을 부인해야 하는지도 알 수 없습니다.

그러므로 자기를 사랑하고 자기를 부인하려면 먼저 자기가 누구인지 알아야 하고 자기를 찾아야 합니다. 그 자기는 '참 자기'입니다. 참 자기는 하나님께서 나를 빚어 만든 창조의 형상입니다.

그런데 '참 자기'는 우리의 성장 과정에서 왜곡되고 변형되었습니다. 그리고 중독은 그 변형을 더욱 가속화시켜서 우리를 '거짓 자기'로 만들었습니다. 즉 알코올 중독자가 된 것은 참 자기가 아니라 거짓 자기로 살아온 결과입니다. 중독의 기간이 길면 길수록 이 거짓 자기는 더욱 더 거짓을 강화해 갑니다. 거짓 자기를 가진 사람은 세상의 모든 일을 거짓 자기라는 색안경으로 바라봅니다. 때문에 그가 색안경을 쓰고 바라보는 세상과 일들은 당연히 참이 아닌 거짓된 것일 수밖에 없습니다.

중독의 치유란 바로 이 '거짓 자기'라는 색안경을 제거하는 일입니다. 그것이 바로 자기를 부인하는 일입니다. 자기를 부인할 때 참 자기가 그 실체를 드러내기 시작합니다. 그때에야 비로소 진리가 보이고 참이 보이기 시작합니다.

우리가 회복하고자 하는 '건강한 자기'란 바로 '하나님의 창조 형상'을 회복하는 일입니다. 주님께서 우리를 불러 여기에 머물게 하심은 우리로 하여금 당신의 창조 형상을 회복케 하려 하심입니다.

중독된 거짓 자기를 벗어던지고 하나님의 참 자기를 회복한 형제님들의 얼굴에서는 진리의 밝은 빛, 참 나를 찾은 기쁨이 은은히 묻어나옵니다.

참 자기, 참 나를 찾아가는 이 회복의 여정에 주님의 은혜의 빛이 우리 모든 형제님들을 항시 비춰주시기를 간절히 기도합니다.

중독의 치유!

그것은 참과 진리를 찾기 위한 투쟁입니다. 진리 안에 거하기 위한 훈련입니다. 그리고 그 끝에서 우리는 소중한 자유를 얻습니다. 진리가 우리를 자유케 하기 때문입니다.

팔복의 은혜, 팔복의 치유

팔복의 은혜

1995년 6월 아내의 권유로 처음 성경을 읽기 시작했을 때, 나는 마태복음을 읽고 있었습니다. 그리고 곧 내 마음을 강렬히 흡입하는 말씀을 만났습니다.

"심령이 가난한 자는 복이 있나니 천국이 그들의 것임이요"
(마 5:3).

오오, 그 말씀은 우레 소리가 되어 내 가슴에 울려 퍼졌습니다.

내 인생의 모든 비밀을 밝혀주는 빛이 되었습니다.

이 말씀으로 지난날 나의 심령이 욕심으로, 나 중심으로 가득 차 있었음을 깨달았습니다.

심령이 가난한 자가 될 때 천국을 나의 것으로 소유하는 복을 누리게 됨을 알았습니다.

심령이 가난한 자만이 하나님을 갈망하며 하나님께 의지하는 법입니다.

심령이 부유한 자가 무엇이 아쉬워 하나님을 찾고 하나님께 의지하겠습니까?

그때로부터 나는 심령이 가난한 자가 되기를 열망했습니다. 내 마음을 주께 다 드리고 싶었습니다. 내 마음을 더 이상 나의 것으로 주장하지 않기로 마음먹었습니다. 주님께서 나의 심령을 소유해 주시기를 간청했습니다. 그러자 주님께서 나의 마음을 소유해 주시더니 당신의 천국을 내게 주셨습니다. 내 마음을 주께 드렸더니 주님께서는 비할 수 없는 좋은 것으로 내게 갚아주셨습니다. 천국이 내 것이 되었으므로 이제 더 이상 나는 이 세속의 것들에 매여 살지 않아도 되었습니다. 그렇게 나의 신앙 생활은 시작되었습니다.

예수님을 내 인생의 주님으로 모셔 들이고, 나는 주님을 본받아 살기로 결단했습니다.

주님을 본받아 사는 것이 내게는 기쁨이며 즐거움이었습니다.

그러나 그러한 마음속에도 죄가 도사리고 있음을 나는 나중에 알게 되었습니다. 나는 내가 열심히 노력하면 예수님처럼 될 줄 알았습니다. 그러나 그것은 나의 착각이었습니다. 어느 날 주의 만찬 시간에 형언할 수 없는 빛으로 내게 오신 예수님을 만난 이후, 나는 내가 아무리 노력해도 예수님처럼 될 수 없는 죄인임을 깨달았습니다. 나는 감히 그분의 신들메도 멜 자격이 없는 자임을 알았습니다. 터져 나오는 오열을 참을 수 없었습니다.

"주님 죄송합니다. 저를 용서하여 주십시오. 감히 주님과 맞먹으려 했던 이 죄인을 용서해 주십시오. 열심히 노력하면 주님처럼 될 수 있다는 교만으로 살아온 저를 용서하여 주십시오."

오랜 시간, 나는 나의 죄를 회개하며 울고 또 울었습니다. 그때 주님께서 내게 말씀하셨습니다.

"괜찮다. 내가 너를 사랑한다."

"애통하는 자는 복이 있나니 그들이 위로를 받을 것임이요"
(마 5:4).

내 죄를 자복하고 애통했더니 주님께서는 내게 큰 위로로 갚아 주셨습니다.

나는 내 평생의 남은 날들을 죄인의 자리에 있겠노라고 다짐했습니다. 거기가 겸손의 자리요, 가장 안전한 자리였기 때문입니다.

내 신앙의 첫 시기에 하나님은 이 모양 저 모양으로, 참으로 여러 번 나타나셨습니다. 처음 성경을 읽을 때 성령으로 오셔서 성경이 하나님의 말씀임을, 예수님이 하나님의 아들이심을 알게 해주셨고, 그를 믿는 믿음을 허락해 주셨습니다. 그러므로 지금 내게 있는 이 믿음도 내 것이 아닙니다. 알고 보면 믿음도 다 하나님께로부터 나온 하나님의 것일 뿐입니다. 어떤 때는 기도 중에 나타나셔서 내 인생의 문제가 하나님을 따르지 않고 내 멋대로 산 결과임을 알게 해주셨고, 어떤 때는 주의 만찬 가운데 큰 빛으로 오셔서 나의 죄인된 모습을 적나라하게 보여주시기도 했습니다.

어느 날 하나님이 내게 오셔서 행하셨던 일들을 교회 앞에서 간증했을 때 한 자매님이 내게 오셔서 이렇게 말했습니다. "형제님은 참 복 있는 분이세요. 마음이 청결하시니 그렇게 하나님을 볼 수 있었던 것 같아요." 자매님의 말씀을 듣는 순간 제 마음이 얼마나 기뻤던지요. 주님을 향한 제 마음이 언제나 명경지수처럼 맑고 깨끗하지는 못했을지라도, 마음을 깨끗이 하려는 제 삶의 노력에 대해 주님께서 축복해 주시는 소리로 들렸습니다. 추하고 더러운 마음, 굽어 있고 꼬여 있는 마음을 멀리하려고 노력할 때 언제나 주님은 자기 자신을 우리에게 계시하시는 분임을 알았습니다.

"마음이 청결한 자는 복이 있나니 그들이 하나님을 볼 것임이요"(마 5:8).

온유함은 늘 제가 갖고 싶던 예수님의 성품입니다. 온유함이 부드러움, 상냥함, 친절함, 온화함을 의미하는 성품이라면 저는 이에 훨씬 미치지 못합니다. 그러나 온유함의 또 다른 측면 '잘 순종하는 성품'을 의미할 때 그래도 일말의 위안을 받습니다. 제게 순종하려는 마음이 있기 때문입니다.

예수님 당시의 헬라인들은 무시무시한 태풍이 수그러들었을 때 '온유해졌다'고 말했습니다. 야생마를 사로잡아 코뚜레를 꿰었을 때 고분고분해지는 모습을 보고도 '온유해졌다'고 표현했습니다. 예수님께 사로잡힌 후 저는 순종을 배웠습니다. 순종이 가장 쉬운 길임을 금세 알았습니다. 순종이야말로 가장 지혜로운 길임을 알았습니다. 주님께서는 제게 중독 치유 사역을 맡기고 싶어 하셨습니다. 주님은 제게 땅 끝으로 가라고 말씀하셨습니다. 저는 주님 말씀에 순종했고 땅 끝으로 왔습니다. 그러자 그 땅 끝이 주님께서 제게 주신 기업이 되었습니다. 나의 일터, 내 삶의 터전이 되었습니다.

"온유한 자는 복이 있나니 그들이 땅을 기업으로 받을 것임이요"(마 5:5).

나는 이 땅 끝에서 내 생을 마감할 것입니다.
땅 끝이야말로 주님께서 내게 주신 영원한 기업, 영원한 유산이기 때문입니다.

그리고 제 묘비명에는 이렇게 적혀 있을 것입니다.

"예수 그리스도의 종, 하나님 나라의 개척자. 알코올 중독자들의 벗으로 살다 여기 잠들다."

주님을 알기 전, 나는 스스로 매우 의로운 사람인 줄 알았습니다. 그랬기에 의의 기준이 언제나 내 안에 있었습니다. 일이나 사람들을 판단할 때 나는 내 안에 있는 내 의의 기준에 비추어 판단하고 행동했습니다. 그러나 주님을 알고 난 후, 그것들은 그저 '나의 의'에 불과할 뿐 '하나님의 의'가 아님을 알게 되었습니다.

나는 '하나님의 의'에 주리고 목말랐습니다. 그리고 그때 비로소 하나님은 주린 자에게 먹을 것을 주시고 목마른 자에게 마실 것을 주시는, 하늘에서 내려온 생명의 떡이요 영원한 생명의 생수가 되시는 분이심을 알게 되었습니다. 주님을 먹고 마심으로 내 안에 하나님의 의가 이루어졌습니다. 모든 것을 하나님의 기준으로 생각하고 판단하게 되었습니다. 하나님과 늘 바른 관계를 가지려고 노력하게 되었습니다. 그리고 하나님의 의를 이루어 드리는 일에 내 자신을 헌신하고 싶었습니다.

하나님의 의를 이루는 것은 자기 십자가를 지고 주님 가신 길을 따르는 것입니다. 그것이 예수님이 보여주신 하나님의 의의 길이었습니다. 그것은 사명의 길이요 소명의 길이었습니다. 고통받는 중독자들과 가족들의 아픔에 동참하는 것이 주님께서 내게 주신 십자가의 길, 하나님의 의를 이루어 드리는 길이었습니다.

나는 오늘도 여전히 하나님의 의에 주리고 목이 마릅니다. 그럴 때마다 주님은 나를 배부르게 해주십니다.

"의에 주리고 목마른 자는 복이 있나니 그들이 배부를 것임이요"(마 5:6).

긍휼은 자비의 마음이요 불쌍히 여기는 마음입니다. 그것은 모든 약한 것에 대한 섬김의 마음입니다. 주님을 알기 전, 내게는 긍휼의 마음이 많지 않았습니다. 남을 긍휼히 여기는 마음은 있었지만 그것은 공감에서 우러나온 참된 긍휼이었다기보다 약자에 대한 강자의 우월한 동정심 정도에 불과했습니다. 남을 긍휼히 여기는 일에도 서툴렀지만 남들이 나를 긍휼히 여기는 것은 더욱 견디기 어려웠습니다. 긍휼히 여겨진다는 것은 일종의 모욕이요 모멸이라고 생각했습니다. 나는 강자의 논리에 사로잡혀 있었습니다.

크고 놀라운 하나님의 사랑을 맛보고 나서야 나는 비로소 내가 긍휼히 여겨져야 할 대상임을 알았습니다. 하나님의 긍휼이 아니고서는, 나를 불쌍히 여기시는 하나님의 자비가 아니고서는 나는 하루도 온전할 수 없는 나약하고 불완전한 존재임을 깨달았습니다. 하나님의 자비와 긍휼을 맛보고 나니 가난한 사람들, 약한 사람들을 불쌍히 여기는 마음, 자비와 긍휼의 마음이 일어났습니다. 내 안에 남아 있던 강자의 논리가 사라지고, 약자들을 배려하고 존중하게 되었습니다.

중독자들의 치료와 회복을 도우려면 긍휼의 마음이 있어야 합니다. 긍휼의 마음이 없으면 이 사역은 한 발짝도 앞으로 나아갈 수 없습니다. 강퍅해진 중독의 마음을 조금도 녹일 수 없습니다. 내가 먼저 저들에게 긍휼의 마음을 보일 때 저들도 나를 긍휼히 여기기 시작합니다. 긍휼은 연약함에서 나옵니다. 그리고 그 연약함이 중독의 완악함과 완고함을 이깁니다.

하나님 나라에서는 약한 것이 강한 것을 이기는 법입니다. 주님께서 보여주신 십자가의 연약함에서 우리는 긍휼의 최고봉을 봅니다.

주님은 십자가 위에서 아무것도 모르는 우리들을 끝까지 불쌍히 여기셨습니다. 내가 공동체의 형제님들로부터 긍휼히 여김을 받을 때 치료는 이미 시작된 것입니다. 저들의 영혼 속에 약한 것을 가엾게 여기고 불쌍히 여기는 사랑의 마음이 생겨나고 있음을 뜻하기 때문입니다.

"긍휼히 여기는 자는 복이 있나니 그들이 긍휼히 여김을 받을 것임이요"(마 5:7).

하나님의 의를 알지 못하고 자기 의에 빠져 살 때, 화평케 하기보다는 투쟁하고 정복하고 경쟁하는 일을 더 잘했습니다. 거기서 삶의 의의를 찾았고 즐거움을 찾았습니다. 화평케 하는 일은 약자들이나 하는 일, 나약함의 상징인 것처럼 생각하기도 했습니다. 하나님의 의를 알고 약한 것의 소중함을 알게 되었을 때, 비로소 저는 화평케 하는 일에 눈을 떴습니다.

화평케 하는 일은 사람들에게 평안을 심어주는 일입니다. 거친 세상 속에 평화를 가져다주는 일입니다. 갈등과 분열, 다툼이 있는 곳에 화해와 화목을 가져다주는 일입니다. 투쟁을 좋아하고 정복과 경쟁을 즐기는 사람들은 화평케 하는 일을 감당할 수 없습니다. 투쟁은 투쟁을 낳고 정복은 정복을 낳으며 경쟁은 경쟁을 낳을 뿐입니다. 그러므로 이를 즐기는 강자들에게서는 화평이 나오지 못합니다. 화평케 하는 일은 약자들에게 주어진 귀중한 사명이요 사역입니다. 예수님은 이 거친 죄악의 땅에 오셔서 우리의 죄를 위해 친히 화목제물이 되어 주셨습니다. 자기를 잡아 화목제물이 되는 것, 그것이 화평케 하는 사역의 핵심입니다.

중독을 치유하는 일은 화평케 하는 일입니다. 치유자가 먼저 자기 자신을 치유의 제단에 드려야 합니다. 자기 자신을 하나님께서 기뻐하시는 거룩한 산 제물로 드려야 합니다. 그것은 사랑스럽지 않은 것을 사랑하는 헌신을 의미합니다.

대부분의 중독자들은 자기 자신이 사랑받을 자격이 없다고 믿고 있습니다. 그러나 자신에게 아낌없는 사랑이 부어질 때 그는 삶의 의미를 찾고 변화하기 시작합니다. 요컨대 자기 자신과 화목하기 시작하는 것입니다. 자기 자신과 화목을 이룬 사람들은 하나님과의 화목, 가족과의 화목을 되찾기 시작합니다. 이 화목의 실현을 통해 중독 치유는 완성의 길로 나아갑니다. 화평케 하는 일, 그것은 하나님의 아들들의 사역이며 그 사역을 통해 아버지를 영화롭게 합니다. 그것이 축복입니다.

"화평하게 하는 자는 복이 있나니 그들이 하나님의 아들이라 일컬음을 받을 것임이요"(마 5:9).

이 세상에 핍박과 박해를 좋아하는 사람은 아무도 없을 것입니다. 욕먹기를 좋아하고 모든 악한 말을 듣는 것을 좋아하는 사람 역시 아무도 없을 것입니다. 그러나 주님께서는 우리가 의를 행하려 할 때 핍박과 박해를 받을 것이라고 말씀하셨습니다. 나아가 예수님 때문에 우리가 욕먹고 거짓으로 가득 찬 악한 말을 들을 때, 우리에게 복이 있을 것이라고 말씀하셨습니다.

예수님을 믿고 알코올 중독자 치유 사역을 시작한 이래 참으로 많은 박해를 받았습니다. 많은 욕을 먹고 악한 말을 들어야 했습니다. 어떤 이는 목사가 사랑이 없다고 말하며 술을 마셨고, 어떤 이는 공동체의 약점을 가지고 여기 저기 전화를 걸어 해코지를 하기도 했습니다. 한밤중에 걸려온 전화를 통해 참을 수 없는 욕설을 듣기도 여러 차례였습니다. 어떤 이들은 홈페이지나 이메일로 집요하게 모욕을 가하기도 했습니다. 저와 공동체를 향해 이 같은 박해를 가한 이들은 대체로 공동체 생활을 하는 동안 많은 사랑과 은혜를 체험한 이들이었기에, 그들의 돌변한 태도와 행동들은 참으로 당혹스럽고 견디기 어려웠습니다. '오, 주님 어찌하여 제게 이런 일이 일어나는 것입니까?' 하는 눈물의 기도, 탄식의 기도가 저절로 쏟아져 나오곤 했습니다. 그러나 그것이 중독의 증상일진대 어쩌겠습니까. 술을 마심으로써 공동체를 떠날 수밖에 없었던 이들의 일종의 절규요 억하심정인 것을…. 그러나 그런 일을 당할 때마다 여전히 고통스럽고 억울한 것은 어쩔 수가 없습니다. 그럴 때 주님께서 말씀하십니다.

"의를 위하여 박해를 받은 자는 복이 있나니 천국이 그들의 것임이라 나로 말미암아 너희를 욕하고 박해하고 거짓으로 너희를 거슬러 모든 악한 말을 할 때에는 너희에게 복이 있나니 기뻐하고 즐거워하라 하늘에서 너희의 상이 큼이라"(마 5:10-12).

주님, 제게 팔복의 은혜가 넘치나이다. 주님은 정녕 복 주시는 분이시니이다.

팔복의 치유

술을 끊기 위해 정말 애쓰고 수고하던 한 형제님이 생각납니다. 어떻게든 하나님께 의지해서 술을 끊고자 했던 이 형제는 꼬박꼬박 새벽 기도에 나갔고 날마다 묵상 일기도 썼습니다. 어느 날 그가 대취해 있다는 소식을 듣고 그의 집을 방문하여 그의 묵상 노트를 보게 되었습니다. 매일 은혜받은 말씀들이 잘 정리되어 있었습니다. 그런데 어느 날의 기록을 보고 저는 실소하지 않을 수 없었습니다. 거기에는 이렇게 적혀 있었습니다.

'술을 마시면 안 된다. 왜냐하면 하나님께서 그것을 원하시지 않기 때문이다.'

여기까지는 좋았습니다. 그런데 그 옆 괄호 안에 이런 말이 있었습니다. (단, 막걸리는 마셔도 좋다. 왜냐하면 그것은 음식이니까).

모든 중독은 왜곡시키는 병입니다. 진리를 왜곡시키고, 성경을 왜곡시킵니다. 하나님의 뜻도 왜곡시킵니다.

그러므로 바르게 알고 바르게 해석하고 바르게 지키는 것이 중요합니다. 주님이 말씀하신 팔복처럼 쉽게 왜곡되고 그릇되게 이해되는 성경구절도 그리 많지 않을 듯싶습니다.

그러나 팔복의 말씀을 바르게 알고 실천할 때, 그것은 너무도 귀중하고 소중한 회복의 지침이 됩니다. 사람을 살리는 생명의 말씀이 됩니다.

"심령이 가난한 자는 복이 있나니 천국이 그들의 것임이요"

영(spirit)이 가난해야 복이 있다 했습니다. 그 복은 천국을 소유하는 복입니다. 중독은 영이 죽은 상태입니다. 영이 살아야 하나님을 만날 수 있습니다. 영이 죽은 상태는 영이 사탄의 손아귀에 놓여 있는 상태입니다. 그러므로 중독으로부터 회복되려면 반드시 죽은 영이 살아나야 합니다. 죽은 영이 살아나는 것은 구원입니다. 그것은 전적으로 하나님의 주권적 사역입니다.

라파공동체에 입소하는 모든 형제님들은 하나님의 영의 부르심을 받아 여기에 온 것입니다. 자기 발로 온 것 같으나 실상은 주님께서 구원하시려고 불러주신 것입니다. 죽은 영이 살아나고, 잠자던 영이 눈뜰 때 비로소 자기의 중독된 영혼이 얼마나 헐벗고 주린 영혼인지 알게 됩니다. 영혼의 풍성함을 주실 수 있는 분은 오직 하나님 한 분밖에 없습니다. 이 세상 무엇으로도, 어떤 것으로도 영혼의 굶주림, 영혼의 가난을 해결할 수 없습니다.

지난날 중독에 빠져 있을 때, 천국은 필요하지 않았습니다. 당장의 갈증을 풀어줄 술 한 잔만 있으면 되었습니다. 모든 것을 잊게 해주고, 자기의 수치를 가려주는 술이 곧 천국이었습니다. 돈이 없어 가난한 것은 알았지만 영혼이 가난한 것은 알지 못했습니다. 가난해지고 싶지 않았습니다. 물질적으로도 영적으로도. 가난해져야 천국을 소유할 수 있다면 천국도 소유하고 싶지 않았습니다.

중독된 영혼은 너무 피폐해지고 황폐해져서 하나님의 언약의 말씀을 들어도 이해하지 못했습니다. "수고하고 무거운 짐 진 자들아 내게로 오라"는 주님의 초청을 받고 쉼을 얻은 후에야 중독에 빠져 있던 형제님들은 자기 영혼의 상태를 바로 보게 되었습니다. 그제야 자기 영혼이 얼마나 가난한 상태인지 깨닫게 되었습니다. 오직 주님만 의지할 수밖에 없는, 아무것도 아닌 존재임을 자각하게 되었습니다. 그때야 비로소 천국이 그의 가슴속에 알알이 들어오게 되었습니다. 술 마시지 않는 새로운 천국 생활이 시작된 것입니다. 이 과정이 회복으로 들어가는 가장 중요하고 결정적인 단계입니다.

"애통하는 자는 복이 있나니 그들이 위로를 받을 것임이요"

애통하는 것이 그저 울부짖고 슬퍼하는 것이라면 중독자 형제님들에게는 이골이 난 것입니다. 얼마나 많은 날들을 울부짖고 슬퍼했는지요. 자기의 처지가 비관스럽고 한탄스러워 뼈에 사무치는 외로움 속에서, 아무도 찾아주지 않는 고립 속에서, 얼마나 많이 울부짖고 슬퍼했는지 모릅니다. 그러나 그것은 어디까지나 자기 연민의 발로였을 뿐입니다. 그들의 울부짖음은 그저 심리적인 자기 연민의 표출이었습니다. 그들의 애통함은 하나님이 바라시는 참된 애통함에 이르지 못했습니다. 각자의 영혼이 하나님을 향해 바로 설 때 비로소 중독자들의 마음속에서 진정한 애통의 눈물이 흘러나오기 시작합니다. 그것은 뜨거운 회개의 눈물이며 울부짖음입니다. 나의 죄에 대한 애통의 눈물입니다. 술로 인해 하나님 앞에 지은 죄뿐 아니라 자기 자신과 가족, 이웃에게 저지른 죄를 자백하고 회개하는 것입니다.

애통하는 것은 또한 애도하며 떠나보내는 것입니다. 중독자들은 술을 애도하며 떠나보내야 합니다. 떠나보내는 것, 그것이 진정한 애통함이고 회개입니다. 술은 중독자들의 가장 친한 친구, 연인과 같은 존재였습니다. 맘몬이라는 재물이 인격성을 띠고 사람들을 조종하는 것처럼, 중독이 무서운 이유는 술이 단순한 화학 물질에 머무는 것이 아니라 인격성을 띠고 있기 때문입니다. 그래서 떠나보내는 것이 쉽지 않습니다. 심령이 맑은 상태가 되고 하나님께 모든 것을 의지하는 가난한 심령이 될 때, 자기 죄가 보이기 시작하고 그 죄의 근원이 되었던 술을 애도하며 떠나보내게 됩니다. 그럴 때 그 상실한 마음을 하나님께서 부드럽게 위로해 주시는 복을 누리게 됩니다. 중독의 깊은 수렁에 빠져 본 사람들은 위로의 소중함을 너무나 잘 알고 있습니다. 술 마시는 것이 죄인 줄 알면서도 계속 빠져 들어갈 수밖에 없었던 비참한 상태에서 그들이 가장 갈구했던 것은 위로였습니다. 애통하는 자에게 마침내 주님의 위로가 주어집니다.

"온유한 자는 복이 있나니 그들이 땅을 기업으로 받을 것임이요"

마시고 있지 않을 때 그들은 '법 없이 살 사람'이라는 평가를 받았습니다. 온순하기 이를 데 없는 사람이라는 평판도 얻었습니다. 그래서 그들은 자기 자신이 참으로 온유한 자인 줄 알았습니다. 그러나 그것은 위장된 온유함이었습니다. 그들은 단지 자기의 진심을 이야기하고 자기 주장(self-assertion)을 온전히 펼치지 못하는 미성숙한 인격을 가지고 있었던 것뿐입니다. 온유하다는 것은 잘 순종하는 성품을 말합니다. 중독자들은 겉으로 매우 온유하고 유순한 것 같지만 실상은 고집으로 꽉 차 있습니다. 아니 어떤 경우는 자기 주장을 전혀 하지 않는 우유부단한 모습을 보이기도 합니다. 그 어떤 경우도 이들에게서 기꺼운 순종(willingness)을 발견할 수 없습니다. 오히려 그들에게서 발견되는 것은 불순종의 고집(willfulness)입니다. 그들의 속마음은 온유하기보다 강퍅하며 완악합니다. 겉으로는 순종하는 듯하나 속으로는 불순종합니다. 기꺼움이 없습니다. 나는 온유하고 겸손하니 내게 배우라 하셨던 주님을 만날 때 비로소 이들의 의지는 순종의 의지로 전환됩니다. 그리고 온유한 자, 순종하는 자에게 주시는 땅을 기업으로 받는 복을 누립니다. 주님께 순종할 때, 말씀에 순종할 때 그들은 기꺼운 마음으로 단주할 수 있습니다. 단주하는 그들에게 모든 것이 다시 제공되고 공급됩니다. 그들에게 새로운 땅이 열립니다. 떠났던 가족이 돌아오고, 잃었던 건강, 직장을 되찾게 됩니다. 삶의 터전을 다시 제공받게 됩니다. 새로운 삶이 시작되는 것입니다.

"의에 주리고 목마른 자는 복이 있나니 그들이 배부를 것임이요"

의는 중독의 실상과 부합되지 않는 단어입니다. 중독과 부합되는 단어는 불의와 불법입니다. 죄와 허물입니다. 그럼에도 불구하고 중독의 가장 큰 폐해는 중독자들 자신이 의로운 존재인 줄 착각하는 데 있습니다. 자기가 옳고 다른 사람들이 틀렸다고 착각하는 데 있습니다. 자신이 가해자이면서 피해자라고 착각합니다. 태초에 하나님께서 선악을 알게 하는 나무를 먹지 말라고 하신 것은 선과 악을 정확히 분별할 능력이 인간에게 부여되지 않았기 때문입니다. 인간이 선악을 바르게 분별하는 것은 오직 하나님과 연합할 때만 가능합니다. 그것이 바로 성경이 말하는 의입니다. 하나님과 바른 관계를 맺는 일, 그것이 바로 의로움입니다. 그때만 인간은 선악을 온전히 분별할 수 있습니다. 내가 옳다는 신념과 확신을 내려놓고 자기 자신이 죄인임을, 가해자임을, 불의한 자임을 깨닫고 주님 앞에 나아갈 때, 의에 주리고 목마른 자가 됩니다. 지난날에는 내가 의인이고 피해자인 줄 알았기에 억울함과 원망으로 가득 차 있었습니다. 그래서 그 쓰린 마음을 달래려 술을 마셨고, 늘 술에 주리고 목마른 영혼이었습니다. 그러나 이제는 하나님과 바른 관계를 맺고 가족, 이웃들과 바른 관계를 맺고자 목말라 하는 자가 되었습니다. 이제야 비로소 내 안의 결핍이 주님께서 주시는 사랑으로 가득 차오름을 느낍니다. 결핍된 심령이 충만한 심령이 됩니다. 하나님은 의에 주리고 목마른 자를 배부르게 하시는 분입니다.

"긍휼히 여기는 자는 복이 있나니 그들이 긍휼히 여김을 받을 것임이요"

긍휼히 여기는 것은 참된 자비의 마음입니다. 마음 깊은 곳에서 우러나오는, 불쌍히 여기는 마음입니다. 그것은 값싼 동정이 아니며, 자기 의를 드러내기 위한 베풂도 아닙니다. 자기 연민의 전이도 아닙니다. 그것은 마음을 다해 품는 마음이며 함께 슬퍼하고 함께 아파하는 마음입니다. 대가를 바라지 않는 돌봄과 사랑의 마음입니다.

중독자들은 긍휼히 여겨지는 것을 싫어합니다. 그럴 때 오히려 굴욕감과 모욕감을 느낍니다. 남을 긍휼히 여기는 것도 서툽니다. 긍휼은 자신의 처지를 있는 그대로 수용하고 용납할 줄 아는 사람에게서만 나옵니다. 자기의 연약함을 받아들이고 이를 인정하는 사람에게서만 나옵니다. 중독은 자기의 연약함을 받아들이지 않는 병입니다. 그것을 자기의 패배로 받아들이고 끝없이 자기 연민에 빠지는 병입니다. 스스로 공허하고 자기 내면에 충족이 없는 사람이 다른 이들을 긍휼히 여길 수는 없습니다. 자기의 연약함을 인정하고, 심령의 가난함을 받아들인 사람만이 하나님의 긍휼을 입을 수 있습니다. 그리고 하나님께로부터 긍휼을 입은 사람만이 타인을 긍휼히 여길 수 있습니다. 더불어 그들로부터 긍휼히 여김을 받게 됩니다.

하나님 앞에서 우리는 긍휼히 여김을 받아야 마땅한 존재입니다. 그것은 우리 존재의 연약함에 대한 마땅한 긍정이며 인간 실존에 대한 정직한 판단입니다. 중독자의 마음 안에 긍휼히 여기는 마음이 생겨날 때, 이미 치료는 깊이 진전되고 있는 것입니다.

"마음이 청결한 자는 복이 있나니 그들이 하나님을 볼 것임이요"

알코올 중독자들이 하나님을 만나기 어려운 이유는 그들의 마음이 청결치 못하기 때문입니다. 하나님은 마음이 청결한 사람들에게 성령으로 나타나십니다. 마음이 청결치 못한 것은 마음이 더럽다는 것입니다. 마음이 탐욕으로 가득 차 있다는 것입니다. 마음이 둘로 나뉘어 있다는 것입니다. 반면 마음이 청결하다는 것은 마음이 순결한 것을 말합니다. 순수한 것을 말합니다. 성경에서 순결하고 순수하다는 것은 순도 100%를 말합니다. 불순물이 섞이지 않은 상태를 말합니다. 하나님의 것과 세속적인 것이 섞여 있는 것은 마음이 청결치 못한 것입니다.

중독의 치료란 마음을 청결케 하는 것입니다. 마음에 변화를 받아 새롭게 되는 것입니다. 그렇게 함으로 하나님의 뜻을 분별할 수 있게 됩니다. 하나님의 뜻을 분별한다는 것은 하나님을 본다는 것을 말합니다. 말씀이 하나님이십니다. 하나님이 말씀이십니다. 그러므로 성경에서 우리는 하나님을 만납니다.

마음이 청결하려면 마음의 상처가 아물어야 합니다. 치유되지 않은 마음의 상처는 마음을 병들게 합니다. 마음에 독소를 뿜어냅니다. 그러므로 마음의 상처가 치료되어 깨끗케 되어야 마음이 청결케 됩니다. 그러므로 중독의 치료란 마음의 상처를 치료하는 것을 말합니다. 마음속에 수치심, 죄책감, 억울함, 원망, 적개심, 분노, 시기, 혼돈 등의 부정적 사고와 감정이 남아 있는 것은 청결한 마음이 아닙니다. 이런 부정적 감정과 사고를 긍정적인 것으로 전환시켜야 마음이 청결하게 됩니다. 그래서 마음 수련이 필요합니다. 그래야 마음이 청결케 되고 하나님을 볼 수 있게 됩니다. 하나님을 보면 볼수록 중독자들의 마음은 청결해집니다. 중독의 더러움에서 벗어나 청결한 마음을 유지하기 위한 가장 좋은 길은, 말씀과 기도를 통해 날마다 하나님을 만나는 것입니다.

"화평하게 하는 자는 복이 있나니 그들이 하나님의 아들이라 일컬음을 받을 것임이요"

화평하게 하는 자는 피스 메이커(Peace maker)를 말합니다. 그러나 중독자는 이와 반대로 분란을 일으키는 자, 곧 트러블 메이커(Trouble maker)입니다. 중독은 파괴하는 병입니다. 자기와 관련된 모든 좋은 것들을 파괴합니다. 때문에 건강이 파괴되고, 인격이 파괴되며, 소중한 인간 관계가 모조리 파괴됩니다. 하나님과의 관계 역시 회복 불능의 상태에 이르기까지 파괴됩니다. 오직 하나님께로부터 오는 관계 회복의 손길을 만날 때 깨어진 모든 관계가 회복됩니다.

하나님과의 관계가 회복되는 것은 자기 자신과의 화평이 이루어지고 있음을 의미합니다. 중독 치유에서 가장 먼저 일어나야 하는 화평은 자기 자신과의 화평입니다. 그것은 자기를 용서하고 자기를 용납함으로 더 이상 자기 자신을 학대하지 않게 되는 것을 말합니다. 자기를 소중하게 여기고 자기에게 주어진 인생을 값진 것으로 자각하는 것입니다.

자기 자신과 불화하는 사람은 결코 단주에 성공할 수 없습니다. 자기에 대한 불안을 가지고 있는 사람도 단주할 수 없습니다. 그러므로 단주에 성공하는 첩경은 자기 안에 화평을 이루는 일입니다. 평안을 이루는 일입니다. 그리고 그것은 오직 예수 그리스도 안에서만 가능합니다. 이 세상 어디에서도 주님이 주시는 그런 평안과 화평을 찾을 수는 없습니다. 반면 자기 안에 화평의 왕, 평강의 왕을 모시고 사는 사람은 어디에 가든지 화평을 가져다주는 사람이 됩니다. 트러블 메이커였던 중독자가 회복의 피스 메이커로 전환되는 놀라운 일이 일어납니다. 지난날 저주의 아들이었던 사람이 하나님의 아들이라 일컬음을 받는 놀라운 일이 일어납니다. 그것이 중독자들을 불러 회복시키시는 하나님의 목적입니다. 중독자들을 불러 화평케 하는 자로 거듭나게 하심으로 그들을 당신의 자녀 삼으시는 것이 하나님의 소원입니다.

"의를 위하여 박해를 받은 자는 복이 있나니 천국이 그들의 것임이라"

중독은 박해받는 병입니다. 일반적으로 사람이 병에 걸리면 동정이나 위로를 받습니다. 그러나 중독이라는 병은 박해를 받습니다. 사람들로부터 손가락질 받고 경멸을 받습니다. 그것은 가장 심한 박해입니다. 또한 알코올 중독은 박해하는 병입니다. 자기 자신을 박해할 뿐 아니라 자기를 박해하는 모든 사람들, 그리고 세상을 박해합니다. 박해를 주고받는 땅은 분명 천국이 아닙니다. 그곳은 저주의 땅이며 고통의 땅입니다.

그러나 술을 끊을 때 이 모든 박해는 사라집니다. 오뉴월 눈 녹

듯 모든 박해의 상황이 종결됩니다. 그러나 박해의 상황이 종결되고 평화의 시기가 도래하는 것이 회복자들에게는 견디기 힘들 만큼 무료한 시간이 될 수도 있습니다. 그들은 쉼과 안식, 삶의 평안과 여유를 즐기고 누리는 것에 익숙하지 않습니다. 무슨 일이 터져 주었으면 하는 마음이 일어납니다. 회복의 위기가 찾아오는 것입니다. 그럴 때 의를 위하여 박해받는 삶을 선택할 필요가 있습니다. 의를 위해 박해받는 삶은 전도의 삶이자, 선교의 삶입니다. 여전히 고통 중에 있는 사람들에게 희망을 전하는 희망의 사역입니다. 회복 중인 사람들은 반드시 이 전도와 선교의 희망 사역에 동참해야 합니다. 그런 봉사의 삶, 희생의 삶, 헌신의 삶을 통해 삶의 긴장을 유지할 수 있고, 참된 천국 생활을 영위해 갈 수 있습니다. 높은 수준의 회복이란 따분하고 무료하며 심심한 삶이 아니라 의를 위해 박해를 받을지라도 굴하지 않고 나아가는 적극적인 삶입니다.

"하나님, 이 팔복의 은혜를 중독으로 고통받는 모든 이들과 그 가족들에게 풍성히 임하게 하여 주옵소서. 저들이 다 세속의 복이 아닌 하늘의 복을 누리며 살아가게 하옵소서."

공동체와 비전

라파공동체의 모체

과거 안에 종종 미래가 있습니다.

그래서 사람들은 앞으로 나아가기 위해 지나온 길을 되돌아보곤 합니다.

우연히 6년 전에 써 놓은 글을 보게 되었습니다.

영국의 치료 공동체인 켄워드 트러스트(Kenward Trust)를 다녀온 소감이었습니다.

제가 라파공동체를 설립할 때 영향을 받은 네 기관이 있습니다.

첫 번째는 대천덕 신부님이 설립한 예수원이었습니다. 예수원을 방문했을 때 제 머릿속에 '이거다!' 하는 생각이 섬광처럼 스쳤습니다. 이런 식으로 공동체를 꾸리면 알코올 중독을 치료할 수 있겠다는 생각이 들었습니다.

두 번째는 장 바니에가 세운 장애인 공동체, 라르쉬였습니다. 그곳에 가보지는 못했지만 그의 책 공동체와 성장은 제게 공동체가 무엇인지에 대해 깊은 감명을 주었습니다.

세 번째는 영국 치료 공동체인 켄워드 트러스트(Kenward Trust)였습니다. 예수원에서 영감을 얻었다면 켄워드 트러스트는 확실한 실체였습니다.

네 번째는 미국의 치료 공동체인 데이 탑 빌리지(Daytop Village)였습니다. 데이 탑 관계자들의 여러 차례에 걸친 방한 세미나에 참석하면서, 알코올 중독자 치료 공동체에 대한 구상을 설계할 수 있었습니다.

영국의 중독자 치료 공동체인 켄워드 트러스트는 1968년경에 한 평신도에 의해 설립된 기독교 중독 치유 공동체입니다. "너는 내게 부르짖으라 내가 네게 응답하겠고 네가 알지 못하는 크고 은밀한 일을 네게 보이리라"(렘 33:3)는 말씀의 기초 위에 세워졌습니다.

그곳을 방문하고 돌아오면서 제 마음속에는 기독교 알코올 중독 치유 공동체 설립에 대한 구상이 구체화 되었습니다. 그리고 그 이듬해 라파공동체가 창립되었습니다.

한 평범한 평신도에 의해 설립된 기관이 35년 동안 발전해 오면서 영국의 켄트 주를 총괄하는 중독 치유 콤플렉스로 기능하는 것을 보며 저의 달려갈 20년을 그려보았던 기억이 새롭습니다. 그때의 방문 소감을 저는 이렇게 적었습니다.

저는 지난 1월 12일부터 25일까지(2001년) 영국 남동부 켄트 주에 있는 알코올 중독 전문 재활시설인 켄워드 트러스트를 방문했습니다(이때까지 치료 공동체(TC)라는 전문 용어를 아직 사용하고 있지 않더군요).

보건복지부 당국의 노숙자 쉼터에 대한 '쉼터 전문화와 유형화' 방침이 확고해진 가운데, 알코올 중독 전문 치료쉼터로의 변화를 모색하기 위해 선진 복지국의 시설, 제도, 운영 원리 및 원칙, 앞선 프로그램 등을 보고 배울 수 있는 좋은 기회였습니다.

영어 사용에 대한 은근한 걱정과 돌아오자마자 작성해야 하는 4건의 신청서가 뒷덜미를 무겁게 누르는 가운데 비행기에 올랐습니다. 그러나 서울에서 파리까지 가는 열한 시간 동안 꼭 보고 싶었던 가족 치료에 대한 원서 논문을 읽고, 조용히 묵상하고 기도하는 동안 제 마음은 한결 가벼워졌습니다.

런던 히드로 공항에 도착했을 때부터 떠나올 때까지 켄워드 트러스트 스탭진들이 제게 보여준 정성과 환대는 너무도 극진했습니다. 아무리 강조해도 지나치지 않을 것 같은 환대를 주님의 이름으로 과분하게 받고 돌아왔습니다.

그곳에서의 체류가 끝나갈 즈음 켄워드 트러스트 방문 성과가 어떤 것인지 사람들이 묻기 시작했습니다. 그 질문에 저는 이렇게 대답했습니다.

"저는 이곳의 창립자가 누구인지 똑똑히 알게 되었습니다. 그분은 바로 예수님이십니다. 저는 또한 누가 이 집에서 일하고 계신지를 보게 되었습니다. 그분은 바로 성령님이셨습니다. 그리고 저는 이곳에서 한 하나님 안에서 살아가는 나의 크리스천 가족을 만났습니다. 이것이 제가 얻은 가장 큰 성과입니다. 여러분들은 그리스도의 이름으로 저를 환대했습니다. 여러분은 바로 나의 가족입니다."

이 대답에 켄워드 트러스트의 많은 분들이 기뻐했고 공감했습니다. 저는 다음 말을 덧붙였습니다.

"여러분들에게서 저는 꿈을 보았습니다. 제가 꿈꾸어 오던 것들, 예수님이 주인이 되어 손수 치유하시는 그런 치유 시설을 여러분은 이미 이루고 계십니다. 앞으로 20년 동안 제 자신이 어디로, 어떻게 나아가야 하는지를 여러분이 보여주었습니다."

켄워드 트러스트는 켄트 주의 알코올 중독자 및 약물 중독자 치유시설로 그 산하에 1차 치유 시설, 2차 치유 시설, 여성 치유 시설, 주간 치유 센터 등 10여 개의 시설로 구성된 전문 치유 센터였습니다. 저는 이곳 10여 개의 시설을 빠짐없이 방문했고 각 시설의 책임자들을 만나 이야기를 나누었습니다. 그들 실무 책임자들과의 대화를 통해 저는 오늘의 켄워드 트러스트를 있게 한 저력과 토양이 무엇인지를 확인할 수 있었습니다.

그곳을 방문하면서 저의 관심은 누가, 왜, 무엇을, 어떻게 하는가에 집중되어 있었습니다. 그 중에서도 제일 큰 관심은 '누가'와 '왜'에 있었습니다. 어떤 사람들이 무슨 생각으로 그곳에서 일하고 있는지 궁금했습니다. 왜냐하면 알코올 중독자를 치유하는 것은 '사람'이지 '프로그램'이 아니기 때문입니다.

여러 시설을 방문하면서 저는 다음의 두 가지 질문을 했습니다. "이곳에서 행하는 치유의 핵심, 카운슬링의 핵심은 무엇입니까? 그리고 당신은 왜 여기에서 일하십니까?"가 그것입니다.

이 두 가지 질문에 그들은 한결같이 "그것은 기도입니다. 그리고 나는 하나님의 부르심에 응답해 여기에 왔습니다."라고 대답했습니다. 그들의 대답을 통해 저는 켄워드 트러스트의 중심에 무엇이 있는지, 그들을 움직이는 동력이 어디에 있는지, 그리고 그들의 토양이 어떠한 것인지를 확실히 보게 되었습니다. 그들은 철저히 신앙에 의해(christian based), 신앙의 힘으로 그곳을 운영하고 있었습니다.

어려운 시간을 내어 그곳의 부책임자인 진 파크(Jean Park) 여사와 재정과 후원, 모금 활동 등에 대해 짧은 대화를 나누었습니다. 그 짧은 대화를 통해 진 파크 여사가 제게 후원 사업에 대해 다음과 같은 충고를 해주었습니다. "교회나 크리스천의 재정적 후원을 받는 것이 중요합니다. 그러나 그 첫 번째는 기도(prayer)의 후원자를 구하는 일입니다. 그 다음은 시간(time)의 후원자를 구하는 일이며, 돈(money)의 후원은 맨 마지막입니다."

진 파크 여사의 이 충고가 제 마음속에서 떠나지 않기를 기도합니다. 그리고 그 충고가 우리가 만들어 나가고자 하는 알코올 중독 치유 시설에 그대로 적용되고 실천되기를 기도합니다.

그때의 마음을 잃지 않고 지내온 6년인 것 같습니다. 또 그 마음으로 계속 나아가라고 주님은 오늘도 말씀하시는 것 같습니다. 초심을 잃지 않고, 주님의 마음을 잃지 않고 그대로 '푯대'를 향해, 비전을 향해 나아가고 싶습니다.

예수원, 하나님의 비전이 흐르는 곳

서울이나 대전에서 다섯 시간 반을 달려야 하는 곳에 예수원이 있습니다. 그 먼 곳을 달려가면서 40여 년 전 이 먼 곳에, 전기도 없는 곳에 들어와 공동체를 시작하신 대천덕 신부님을 생각했습니다. 그분은 도대체, 무엇을 위해 이 깊은 태백의 산골 오지로 들어와 공동체를 세우신 것일까? 하고 말입니다.

제가 예수원을 처음 방문한 것은 2000년 4월경이었습니다. 그때 알코올 중독자 치유 사역에 대한 저의 헌신의 마음을 주님께

올려드렸고 주님은 저의 이 마음을 받아주셨습니다.

"여호와께서 아브람에게 이르시되 너는 너의 고향과 친척과 아버지의 집을 떠나 내가 네게 보여 줄 땅으로 가라 내가 너로 큰 민족을 이루고 네게 복을 주어 네 이름을 창대하게 하리니 너는 복이 될지라"(창 12:1-2).

이 말씀을 붙들고 저는 2000년 5월 8일, 알코올 중독자 치유 사역에 대한 소명을 품고 대전으로 내려왔습니다.

예수원을 두 번째 방문한 것은 2002년 알코올 중독자 치유 공동체인 라파공동체를 창립한 어간이었던 것 같습니다. 그때에도 예수님은 제가 달려갈 그 길을 인정해 주셨고, 복을 주셨습니다.

대천덕 신부님이 소천하신 지 5주년이 되던 해에 저는 세 번째로 예수원을 방문하였습니다. 여전히 대천덕 신부님은 거기에 계셨습니다. 그리고 작은 유골함에 안장된 대천덕 신부님의 묘비에 쓰여 있는 글이 제 마음에 깊은 감동으로 다가왔습니다.

"The pioneer in the kingdom of God."

이 얼마나 멋진 말입니까? 하나님 나라의 개척자라니요. 그 묘비명에 제가 깊게 감동한 것은 아마도 대천덕 신부님의 삶에 제 자신의 삶이 투영되었기 때문이었을 것입니다.

저도 그렇게 살다 주님 앞으로 가고 싶습니다. 이 땅에서 열심히 하나님 나라를 개척하는 개척자로 살다가 주님 앞으로 돌아가고 싶습니다.

2000년 4월 제가 처음 예수원에 와 기도하면서 "하나님 제가 죽어 주님 앞으로 돌아갈 때 제 묘비명에 '알코올 중독자들의 벗으로 살다 가다' 이렇게 쓰이게 해주세요." 라고 기도했었는데, 아마도 그 기도가 중독이란 신앙의 불모지에 하나님 나라를 개척해 나가는 개척자의 삶을 예견한 것은 아니었을까 하는 생각이 듭니다.

예나 지금이나 예수원에는 예수님이 계셨고 그분을 주님으로 믿는 사람들의 아름다운 공동체가 생기 가득한 가운데 굴러가고 있었습니다. 초대 교회의 공동체성이 그대로 살아 있고, 하나님의 말씀이 여전히 실험되며, 말씀에 사로잡힌 주의 이슬 같은 청년들이 넘쳐나고 있었습니다.

대천덕 신부님의 아드님인 벤 토레이 신부님이 최근 북한 선교에 대한 비전을 품고 예수원으로 돌아오셔서 삼수령 목장을 새로운 비전의 터전으로 삼고 사역하고 계시더군요. 현재 예수원에서 정부로부터 임대해 사용하고 있는 삼수령 농장 안에 남으로 낙동강, 서로 한강, 동으로 오십천으로 갈라지는 세 강의 발원지가 있어 그곳을 삼수령이라 합니다. 어느 날 그곳 지명으로부터 벤 토레이 신부님이 강한 영감을 얻어 그곳에 북한으로 흘러들어가는 제4의 강, 복음과 생명의 강의 발원지가 되도록 해야겠다는 소명을 품게 되었고 그 웅대한 프로젝트가 꿈틀대며 태동하고 있는 것을 볼 수 있었습니다.

얼마전부터 주님께서는 제 마음에 땅에 대한 마음을 주셨습니다. 그 땅 위에 치유 영성 공동체와 수도원을 세우라는 마음을 주셨습니다. 그 마음의 모델은 당연히 예수원이었습니다.

물론 그 공동체가 예수원과 똑같은 성격의 것이 될 수는 없지만 치유 영성을 중심으로 한편에는 중독 치유 공동체가 있고, 다른 한편에는 쉼과 휴식이 필요한 사람들에게 치유의 영성을 제공해 주는 그런 수도원 공동체를 세워나가는 비전을 주신 것입니다.

이번의 세 번째 예수원 방문은 그 비전의 확증을 위한 방문이었습니다. 방문 둘째 날 아침 묵상 시간에 예수원 공과에 따라 창세기 12장을 묵상하게 되었습니다. 지난날 저의 새로운 삶을 인도한 하나님의 말씀을 다시 대한다는 가벼운 설렘이 있었습니다. 그날도 어김없이 하나님께서는 창세기의 말씀을 통해 제 마음의 소원이 주님의 비전임을 알게 하셨습니다.

> "아브람이 그의 아내 사래와 조카 롯과 하란에서 모은 모든 소유와 얻은 사람들을 이끌고 가나안 땅으로 가려고 떠나서 마침내 가나안 땅에 들어갔더라"(창 12:5).

아브람이 그의 식솔들과 하란에서 얻은 재물과 사람들을 이끌고 마침내 가나안으로 들어갑니다. 저도 이와 같이 현재의 라파공동체에서 얻은 재물과 사람들을 데리고, 아내와 함께 또 다른 가나안 땅으로 들어가야 하나 봅니다.

요즈음 저는 가끔 시간이 되는 날 충남북 일대의 땅을 보러 다닙니다. 주님이 주신 비전이 이루어질 그 땅을 꿈꾸며 말입니다. 여기 저기 땅을 보면서 이제 내가 묻혀할 땅을 찾아다니고 있구나 하는 생각이 들기도 했습니다.

예수원의 산 한 자락에 묻혀 있는 대천덕 신부님의 소박한 묘소를 보며 저 역시 묻혀야 할 그 땅을 향해 개척자의 정신으로 나아가야 한다는 믿음이 더 굳건해짐을 느낍니다.

라파공동체는 알코올 중독자 치유 공동체입니다. 곧 치유가 목적이고 공동체는 수단인 셈입니다. 공동체라는 사람 사이의 상호 역동의 환경이 중독 치료의 가장 좋은 수단이자 방법인 것입니다.

그러나 중독 치료에서 나타나는 모순은 중독 자체가 공동체성을 거부하고 이기주의를 추구하는 병이라는 점에 있습니다. 다시 말해 중독자들이 공동체를 이루고 살아가는 것 자체가 매우 어렵고 힘든 일이라는 것입니다. 그래서 치유 공동체에는 반드시 종료 기간이 있어야 합니다. 치유된 사람은 공동체를 떠나 자유롭게 자기 인생을 찾아야 한다는 것입니다. 그런 의미에서 라파공동체는 진정한 의미의 신앙 공동체라고 말할 수 없습니다.

진정한 의미의 신앙 공동체는 주님을 믿고 따르며 섬기는 것을 목적으로 합니다. 그리고 그 공동체는 수료기간이 있는 것이 아니라 영속적이어야 합니다. 그 공동체에 합류하고자 하는 사람들은 자신의 삶을 공동체에 투신해야 합니다. 그들은 세상의 모든 것을 버리고 오직 주님만을 따르며 살기로 결단한 주님의 제자여야 합니다.

초대 교회가 보여주는 공동체는 곧 제자들의 공동체이며, 재산 공유와 통용의 공동체이며, 공동 생활의 공동체입니다.

이번 공동체 세미나를 통해 초대 교회가 보여주는 그 공동체를 이루며 살아가고 싶다는 강한 열망이 제 마음속에서 더 커졌습니다. 수도 치유 영성 전원 공동체에 대한 마음이 더 분명해졌습니다.

하나님께서 개신교 교회사의 한 장을 새롭게 써내려가신다는 사실이 마음 깊이 다가왔습니다. 제2차 세계대전 이후 유럽과 북미에서 태동한 여러 공동체들, 부루더호프 공동체, 마리아 자매회, 떼제 공동체, 휘꼴라리 공동체, 리 수도원 등등의 공동체 운동이 아나뱁티스트, 후터라이트, 메노나이트, 모라비안 공동체의 신앙과 사상을 현대 속에 재현시키시는 성령님의 기름 부으심의 역사라는 깨달음이 깊게 다가왔습니다. 또한 그것은 초대 교회의 공동체성을 현대에 재현하고자 하는 강렬한 회복 운동이라고 말할 수 있습니다. 그 운동이 한국에서도 예수원을 통해 일어났고 같은 신앙고백을 가진 여러 공동체들이 계속 일어나고 있음을 이번 세미

나를 통해 확인할 수 있었습니다. 그리고 그 성령님의 기름 부으심의 은혜에 동참하고자 하는 강한 열망이 제 속에도 일어나게 되었습니다. 그것은 제 개인의 선택의 문제가 아니라 이 시대를 향한 하나님의 뜻, 성령님의 기름 부으심의 은혜로 생각되었습니다.

이제 알코올 중독 치유 공동체인 라파공동체는 수도 치유 영성 전원 공동체를 지향하며 나아가려 합니다.

수도 공동체, 치유 공동체, 영성 공동체, 전원 공동체!

이것이 라파공동체가 미래를 향해 발돋움하려는 새로운 꿈이자 비전입니다.

주님께서 친히 이 꿈을 이루어 주시리라 믿습니다.

이 비전을 함께 나눌 동역자들을 보내주시리라 믿습니다.

그의 나라와 의를 먼저 구할 때 모든 물질적 필요도 채워주시리라 믿습니다.

> "또 여호와를 기뻐하라 그가 네 마음의 소원을 네게 이루어 주시리로다"(시 37:4).

주님께서 주신 비전을 주님께서 친히 이루어 주시리라 믿습니다. 아버지의 뜻이 하늘에서 이룬 것같이 땅에서도 이루어지게 하옵소서.

땅 끝에서 얻은 축복

나의 어머니

"사람들이 나를 보고 젊어졌다고 그래요. 그렇지만 나는 그 말도 별로 좋아하지 않아요. 솔직하게 말하면 나는 정말 일찍 죽는 게 좋아요. 예수님 곁으로 빨리 돌아가고 싶어요. 저 천국에서 예수님 손잡고 살아가는 걸 생각만 해도 그렇게 기쁠 수가 없어요. 이 세상보다 더 좋은 세상이 기다리고 있는데 거기 빨리 안 가려고 하는 게 이상한 거 아니에요? 사람들이 날 보고 자꾸만 젊어졌다고 하는데, 사실 예수님이 내 안에 계시고 내 마음이 이렇게 기쁜데 어떻게 젊어지지 않을 수가 있겠어요."

지난 달 단주 파티에서 어머님이 하신 말씀입니다. 얼마 전에는 새로 등록한 교회의 수천이 넘는 회중 앞에서 간증을 하셨다고 했습니다. 그 간증이 있고 나서 만나는 사람들마다 "권사님, 집사님" 하는데 당신은 "아이구, 무슨 말씀이세요. 저는 아무것도 아닙니다. 저는 권사도 아니고 집사도 아니에요. 그냥 신자예요." 이렇게 말하는 것도 한두 번이지 나중에는 일일이 답변하기도 그렇고 해서 그냥 부르는 대로 다 받아들이셨답니다. 하나님께서 별별 방법을 다 써서 당신을 높여주려 하시는 것 같다고 말입니다. 그렇게 말씀하시는 칠순 노모의 얼굴에 어린아이와 같은 미소가 넘쳐 났습니다.

어린아이와 같은 천진난만한 간증이 계속되었습니다.

"교회 친구들도 나를 만나면 자기들 신앙이 저절로 좋아지는 것 같다고 얘기해요. 사람들만 만나면 왜 그렇게 예수님 얘기를 하고 싶은지 앉아서도 예수님, 일어서도 예수님, 걸으면서도 예수님 얘기만 하게 된다니까요. 나 같은 죄인을 구원해 주신 예수님의 사랑, 골고다의 십자가, 나를 위해 흘리신 보혈… 그냥 입만 열면 그 얘기가 막 나오는 거예요. 그러면 친구들이 그래요. 우리는 예수를 믿어도 그렇게 믿어본 적은 없다면서, 아무튼 저를 만나면 자기들 신앙도 좋아지는 것 같아서 좋다고요."

2년 반 전, 일산으로 달려가는 차 안에서 저는 기도했습니다.

"하나님, 저희 어머님을 살려주세요. 자살하실지도 모릅니다.

어머니를 살아 있게 해주세요."

　어머님의 도박이 재발했다는 이야기를 듣고 달려가는 차 안에서 저는 참으로 간절히 기도했습니다. 내가 어머니라면 자살할 것만 같았기 때문입니다. 칠순의 나이에 또 다시 도박이 재발하여 패가망신하게 되었으니 그 오욕의 삶을 어떻게 견딜 수 있을까 싶었습니다. 어떻게 해야 하나, 내 어머니를 어떻게 해야 하나, 어디로 모셔야 한단 말인가? 이 세상 천지 내 어머니를 모실 곳은 단 한 군데도 없었습니다. 있다면 딱 한 곳! 바로 라파공동체였습니다. 라파공동체가 알코올 중독 전문 치유 공동체였고 남성 위주의 공동체였기에 망설여지기는 했지만 결국 어머니를 라파공동체에 입소시켰습니다. 아아, 라파공동체가 있다는 것이 얼마나 감사한 일이었는지요.

　속죄의 고통스런 나날이 흐르던 몇 달 후, 새벽 묵상 시간에 마침내 성령님께서 어머님의 심령 속으로 들어오셨습니다. 로마서 4:3절 "성경이 무엇을 말하느냐 아브라함이 하나님을 믿으매 그것이 그에게 의로 여겨진 바 되었느니라"는 이 말씀이 어머님의 심령을 뒤흔들었습니다. '그렇지. 예수님을 믿어야지. 믿어야 되는 거야. 아브라함도 하나님을 믿었다고 하잖아. 그래! 예수님을 믿어야 하는 거였어.'

　그 영적 체험으로 어머님은 거듭나셨습니다. 십 몇 년의 교회 생활이 헛것이었음을 고백했습니다. 교회는 다니면서도 정작 당신은 예수님을 믿지 않았다고 했습니다. 예수님을 믿는 믿음이 생기고 나니 온 세상이 다르게 보인다고 했습니다. 그즈음 어머니의 찬송가는 '사랑해 당신을'이었습니다. 라나에로스포의 유행가가 어머님에게는 복음성가였습니다. 방청소를 하다가, 세탁기를 돌리다가도 "사랑해 예수님, 정말로 사랑해… 예 예 예 예 예 예 예" 노래를 흥얼거리셨습니다. '주여, 이 죄인을', '멀고 험한 이 세상 길', '이제 내가 살아도', '웬말인가 날 위하여', '나 같은 죄인 살리신' 등등의 복음성가와 찬송가를 부르시면서 울기도 많이 우셨습니다. 성경말씀이 꿀송이처럼 달게 어머님의 심령 속으로 흡인되었습니다. 어머님의 심령이 그리스도에게 잡힌 바 되면서, 중독의 먹구름도 서서히 걷혔습니다.

누구든지 그리스도 안에 있으면 새로운 피조물이 됩니다. 비록 겉사람은 후패하지만 속사람은 날로 새로워집니다. 어머님이 그랬습니다. 어머님은 자신을 예수님께 순결한 처녀로 드렸습니다.

어머님이 구원받고 치유되는 것을 지켜보면서 제 마음속에서 '다 이루었다'는 고백이 흘러 나왔습니다. 정말 이제 죽어도 좋다는 생각이 들었습니다. 하나님, 감사합니다. 정말 감사합니다. 저희 어머님의 말년이 늙고 추한 것이 아니라 맑고 밝고 순결하게 되도록 믿음 주시고 성령 부어주시고 변화시켜 주셔서 감사합니다.

사람들은 늘 제게 물었습니다.

"목사님은 왜 이 일을 시작하셨지요? 특별한 계기가 있으셨나요?"

"네, 특별한 계기가 있었습니다. 1999년 어느 날 주님께서 한 명의 알코올 중독자를 제 앞에 데려오셨습니다. 그것이 제가 이 사역을 시작한 계기가 되었습니다."

그동안 저는 늘 이렇게 대답해 왔습니다. 그러나 어머님의 구원과 회복으로 이제 더욱 분명해진 것은 하나님께서 내 어머님의 구원과 치유, 회복을 위해 저로 하여금 이 일을 준비시키시고, 라파공동체를 창립케 하셨다는 사실입니다.

> "하나님이 큰 구원으로 당신들의 생명을 보존하고 당신들의 후손을 세상에 두시려고 나를 당신들보다 먼저 보내셨나니 그런즉 나를 이리로 보낸 이는 당신들이 아니요 하나님이시라"
> (창 45:7-8).

오오! 여호와 이레. 준비시키시는 하나님께서 내 어머님을 구원하시려고 이렇게 저를 준비시키시고 라파공동체를 창립하신 것입니다. 그 누구를 위한 것이 아니라 바로 나 자신과 내 가족을 위해 그 일을 앞서 행하셨던 것입니다. 요셉의 이야기가 바로 내 인생의 이야기였습니다.

할렐루야! 여호와 이레의 하나님을 찬양합니다.

땅 끝 가득 채워주시는 감당 못할 주님의 축복에 감사합니다.

내 딸의 남자 친구

Y형제는 내 딸의 남자 친구입니다. 딸의 소개로 Y형제를 처음 만났을 때 그는 아직 신앙이 없었고, 중국에 교환학생으로 선발되어 떠나기 석 달 전쯤이었습니다. 중국으로 떠나기 전에 예수님을 영접하고 떠났으면 좋겠다는 마음이 제게 일어났습니다. 그래서 다음 주부터 교회에 나오라고 권유했습니다. 떠나기 전에 복음을 전하고 싶었습니다. 여자 친구의 아빠가 목사이니 차마 제 권유를 뿌리칠 수 없었을 것입니다.

Y형제는 매주 교회에 꼬박꼬박 출석했고 하나님의 말씀도 잘 수용하는 것 같았습니다. 시간이 날 때마다 함께 운동을 했고, 식당에도 갔습니다. 동기 목사님들과 함께 하는 테니스 모임에 따라 나오기도 했고 요즘 젊은 애들답지 않게 어른스럽고 서글서글하니 붙임성도 좋다는 칭찬도 들었습니다.

출국을 2주 정도 앞둔 주일 예배 시간이었습니다. 소그룹으로 주 중에 성경 묵상한 것을 서로 짧게 나누는 시간이었습니다. 고린도후서 1-2장에 관한 것이었습니다. 마침 그때 저는 Y형제와 같은 조에 있었습니다. 서로의 소감을 짧게 나누던 중에 Y형제가 고린도후서 2:10-11절의 말씀 "너희가 무슨 일에든지 누구를 용서하면 나도 그리하고 내가 만일 용서한 일이 있으면 용서한 그것은 너희를 위하여 그리스도 앞에서 한 것이니 이는 우리로 사탄에게 속지 않게 하려 함이라" 부분을 적시하면서, 성경에는 이렇게 용서하라고 말씀하고 계시는데 자기는 용서가 잘 되지 않는다며 용서되지 않는 사람이 있다고 고백했습니다. 그 고백이 제 마음에 걸렸습니다. Y형제가 교환학생으로 떠나기 전에 용서하지 못하는 그 마음에서 벗어나게 해주고 싶었습니다. 심령의 자유를 주고 싶었습니다.

이틀 후 아침 묵상을 통해 하나님께서는 '우리에게 화목하게 하는 직분'(고후 5:18)을 주셨음을 상기시켜 주셨습니다. 더 이상 지체할 필요가 없었습니다. 하나님께서 그의 마음에 묶인 것을 풀어주라고 말씀을 통해 촉구하시는데 제가 머뭇거릴 이유가 없었습니다. 딸아이에게 Y형제와의 면담을 준비시키기로 결심했습니다.

그런데 그날 밤 Y형제를 만나고 돌아온 딸아이의 눈가가 촉촉이 젖어 있었습니다. Y형제를 만나서 둘이 많이 울었다고 했습니다. 자기도 몇 년을 만나오면서 그가 그토록 우는 것을 처음 보았다고 했습니다. 그날 Y형제는 누구에게도 말하지 않았던 자기 인생 최대의 비밀을 털어놓았다고 했습니다. 그것은 아마도 무덤까지 가지고 가려 했던, 그런 비밀이었을 것입니다.

"지희야, 너는 모를 거야. 너같이 행복하게 자란 아이들은 모를 거야. 내가 얼마나 힘든 삶을 살아야 했는지…."

그렇게 말문을 연 Y형제는 지난 주일 성경말씀을 나누다가 자기에게 용서할 수 없는 사람이 있다고 했는데 그 사람은 바로 자기 친아버지였다며 통곡을 했다고 했습니다. 자기 아버지는 알코올 중독자였고 술 마시면 집에 와서 폭행을 가하기 일쑤였다고 했습니다. 결국 부모님은 이혼하게 되었고 Y형제는 알코올 중독자였던 아버지에 대해 증오와 복수의 칼날을 갈며 살아왔다는 것입니다. 그리고 그 복수심이 그를 공부하게 만든 원동력이었다는 것입니다. 거기다 그를 더욱 분노하게 만든 것은 작은 아버지가 목사님이라는 사실이었습니다. 자기들을 이렇게 버려둔 채로 작은 아버지가 교회에서 "서로 사랑합시다"라고 설교하는 것을 상상만 하면 그 위선에 대해 분노가 치밀곤 했다는 것입니다.

"내가 왜 기독교를 싫어하는지 알아? 그것은 원수를 사랑하라는 말 때문이야. 어떻게 원수를 사랑할 수가 있니? 원수에게는 복수해야지. 난 그래서 기독교가 싫었어. 초등학교 때까지는 교회에 나간 적도 있었지만 아버지랑 헤어진 뒤로는 더 이상 교회에 다니지 않았다구."

Y형제와 딸애는 서로 손을 잡고 한참을 울었다고 했습니다.

저는 알코올 중독자 가정의 자녀들이 어떤 마음과 생각을 가지고 살아가는지 잘 알고 있습니다. 대부분의 자녀들이 알코올 중독자인 부모를 죽여버리고 싶다는 강렬한 증오와 적개심을 가지고 살아간다는 사실을, 그런 몹쓸 상상을 하며 어린 시절을 보내고 있다는 사실을 말입니다.

Y형제의 고백을 들으며 제 마음이 몹시 아팠습니다. 그리고 그에게 복음을 전해야 한다는 사명감이 더욱 커졌습니다. 딸아이를 통해 Y형제와의 면담 약속을 잡았습니다.

Y형제를 만나서 저는 고린도후서 5:18절의 말씀을 보여주며 목사의 직분은 화목하게 하는 직분임을 설명하고 주님께서 내게 Y형제를 화목케 하라는 명령을 주신 것 같다고 말했습니다. 그리고 단도직입적으로 지난 주일 예배 시간에 말했던 그 용서할 수 없는 사람이 누구인지에 대해 말해 줄 수 있냐고 요청했습니다. 짧은 순간의 침묵. Y형제의 얼굴은 미세하게 떨리고 있었습니다. 그리고 마침내 Y형제가 입을 열어 어젯밤 제 딸아이에게 들려주었던 이야기를 저에게도 털어놓기 시작했습니다.

내 권유로 처음 교회에 나왔을 때 그는 정말 당황했다고 했습니다. 친아버지가 알코올 중독자였는데 여자 친구의 아버지가 알코올 중독자들을 치료하는 목사님이라는 사실이 너무 놀라워 뭐라 말할 수가 없었다고 했습니다.

저는 Y형제에게 복음을 전하기 시작했습니다.

"그래 Y형제의 말대로 우리 만남이 보통 만남은 아닌 것 같아.

누군가 연출해 놓은 것 같은 만남이지. 어떻게 생각해?"

Y형제는 자기도 그렇게 생각한다고 했습니다. 이것은 하나님의 섭리일 수밖에 없다는 생각이 든다고 했습니다. 거기에서부터 하나님의 예비하심과 택정하심에 대해, 예수 그리스도를 통한 하나님의 구원 계획에 대해, 우리를 향한 하나님의 크신 사랑에 대해 복음을 전했습니다. 그리고 그는 이 모든 말씀에 아멘으로 화답했습니다. 할렐루야! 그에게 믿음이 들어간 것입니다. 하나님께서 그의 마음에 믿음을 주신 것입니다. 예수를 믿는 그의 믿음을 보고 저는 Y형제에게 친아버지에 대한 용서를 촉구했습니다. 아버지는 나쁜 사람이 아니라 단지 병자에 불과한, 불쌍히 여겨야 할 대상이라는 것을 말해 주었습니다. 또한 그가 술 마시고 한 행동들은 그의 본심이 아니며 그는 자기 자신을 컨트롤 할 수 없는 상태에 있었다고 말해 주었습니다. Y형제는 저의 말을 잘 알아들었습니다. 그리고 말했습니다.

"예, 저의 아버님을 용서하겠습니다. 알코올 중독이 병이란 것을 알았기 때문입니다. 다만 안타까운 것은 제 아버님에게도 이런 치료의 기회가 주어졌다면 얼마나 좋았을까 하는 것입니다."

중국으로 떠나기 전 마지막 예배에서 Y형제는 이런 간증을 남겼습니다.

간증문

간단하게 저의 삶에 대해서 나눈다면 저에 대한 이해가 더 쉬울 것이라고 생각합니다. 저는 1987년 7월에 태어났습니다. 저는 어려서부터 남들과는 다른 가정 환경에서 자랐습니다. 그래서 그런지 정상적인 가정, 정상적인 부모, 정상적인 형제 등 '정상적', '평범한'이란 두 단어가 항상 저를 옭아매었습니다. 평범하고, 화목해 보이는 친구들의 가정을 보면 저는 너무 부러우면서도 한편으로는 화가 났습니다. '왜 나만 이럴까? 왜 난 다른 아이들과 다를까? 도대체 누굴 원망해야 되나?' 이런 생각들로 저는 제 속에 가정과 아버지, 친척들에 대한 분노를 키워갔습니다. 이렇게 저는 가족에 대한 분노와 세상에 대한 불만, 그리고 여러 가지 나쁜 행동들을 일삼았습니다. 특히 어머니와 저, 형을 너무나도 힘들게 한, 알코올 중독자인 아버지에 대한 원망과 복수심은 2008년 8월 그날이 있기까지 계속되었습니다.

그날은 바로 윤성모 목사님을 만난 날이었습니다. 알코올 중독을 치유하며 목회 활동을 하시는 목사님의 모습은 저에게 큰 충격이었습니다. 주일마다 교회에 나오면서, 목사님과의 대화를 통해 알코올 중독이 병이라는 사실을 깨달았고, 또한 이러한 병을 열정적으로 치유하시는 그 모습을 보며 여태까지 마음속에 담아 두었던 아버지에 대한 분노와 복수심이 차차 누그러졌습니다. 특히 잊을 수 없는 것은 목사님과 저의 집안 사정에 대해 이야기를 나눈 후, 저에게 해주신 말씀이었습니다.

"알코올 중독은 병이란다. 너보다 병에 걸리신 아버지가 더 힘들고 괴로우셨을 거야. 용서하자. 아버지를 용서하자."

이 음성은 마치 하나님께서 저에게 말씀하시는 것 같았습니다. 아니나 다를까, 10년 넘게 담아 두었던 악한 마음이 그 한순간에 모조리 사라져 버렸습니다. 저는 너무 신기했습니다. 그리고 깨달았습니다. '아! 하나님의 말씀이셨구나. 하나님이 악하고 더러운 내 맘을 깨끗하게 씻어 주셨구나! 정말로 하나님께서 나를 사랑하셔서 이렇게 나를 강하게 키워주셨구나!' 그날 저는 온몸이 저리도록 하나님의 은혜를 체험했습니다. 그리고 예수님을 나의 구주로 영접하게 되었습니다.

그 후 저의 사고와 행동이 모두 바뀌었습니다. 예전과는 달리 어떤 일을 하기 전에 이 일이 주님 보시기에 기뻐하실 일일지 다시 한 번 신중히 생각하고 행동했습니다. 그리고 이에 응답하시듯 주님께서는 항상 저에게 기쁨과 희망을 선물해 주셨습니다. 예수님은 나의 삶에 목적을 찾게 해주신, 나침반과도 같은 분입니다. 시편 119편 말씀에 "주의 말씀은 내 발에 등이요 내 길에 빛이시니이다"라는 말씀처럼 예수님은 내 발에 등이 되셨고 내 길에 빛이 되어 주셨습니다. 목적 의식 없이 방황하던 저의 삶에 불을 주시고 열정을 허락하셔서 주 앞에 나올 수 있게 허락하셨습니다.

이제는 나를 구원해 주신 주님을 위해 살고 싶습니다. 주님 중심의 삶을 살고 싶습니다. 주님이 원하시고 기뻐하시는 일을 하고 싶습니다. 주님의 자녀로 주님을 증거하고 복음을 전하는 데 힘쓰고 싶습니다.

Y형제는 중국에서 교환 학생으로 공부를 마친 후 귀국했습니다. 그리고 지난 여름 딸아이와 함께 침례를 받았습니다. 침례 간증을 통해 딸아이는 자신에게 신앙의 어두운 시절이 있었음을 눈물로 고백했습니다. 그것은 아빠가 알코올 중독자 치유 사역을 위해 대전으로 내려오면서부터였다고 했습니다.

"저에게 하나님을 원망하는 시기가 왔습니다. 그 원망은 우리 가족이 대전으로 이사오는 것에서 비롯되었습니다. 오래된 한옥집이며, 곰팡이 냄새나는 노숙자 쉼터 같은 환경은 절 우울하게 만들었습니다. 아끼는 친구도, 가고 싶은 교회도 없었습니다. 아빠 엄마도 집도 그냥 다 가난해 보였습니다. 아빠를 설득해서 대전에 내려오게 한 신부님의 미사조차 역겨울 뿐이었습니다.

저는 모든 것이 싫었는데, 아빠는 이 모든 것이 하나님의 뜻이라고 했습니다. 이해할 수가 없었습니다. 하나님은 능력 많고 똑똑한 우리 아빠 엄마를 어린 제가 보기에는 무척이나 힘들게, 불쌍하게 만들고 계셨습니다. 아빠의 '하나님의 계획'이라는 말이 저에게는 그저 핑계에 불과했습니다. 노숙자 아저씨들은 술 먹고 우리 집 대문을 빵빵 차댔고, 그때마다 저는 속으로 갖은 욕을 해댔습니다. 남들은 아빠가 정말 좋은 일을 하신다고 했지만, 저에게는 그것이 상처였습니다. 그렇게 하나님에 대한 원망을 품고 사춘기를 보냈습니다.

엄마 아빠가 그렇게 좋아하는 하나님을, 저는 따르기 싫었습니다. 그 이유는, 저는 엄마 아빠처럼 살고 싶지 않았기 때문입니다. 하나님을 잘 섬기면 안 될 것 같았습니다. 많은 것을 내려놓고 살 자신이 없었습니다. 하나님이 저보고도 우리 아빠처럼 불쌍한 사람을 도와주면서 살라고 하실까 봐 너무 겁이 났습니다. 싫었습니다. 그때부터 엄마 아빠와 신앙에 관해 이야기하는 것을 꺼리기 시작했습니다. 성경도 읽지 않았고 기도도 하지 않았습니다."

그렇게 중학교 시절을 보내고 고등학교 시절, 어렵고 경쟁적인 시기가 닥치자 딸아이는 다시 하나님을 찾기 시작했다고 했습니다. 그러나 그것은 진정한 믿음이 아니라 하나님께 거래하고 협상하는 믿음이었다고 했습니다. 힘들 때만 하나님을 찾는 뻔뻔한 신앙이라고 했습니다. 그러다가 딸아이의 믿음이 새롭게 되는 때가 왔다고 했습니다.

"작년 여름 즈음, 드디어 하나님께서 비뚤어진 제 마음을 어루

만져 주시기 시작했습니다. 남자 친구가 엄마 아빠를 만나고, 우리 교회에 나오게 되었습니다. 남자 친구와 함께 교회에 있는 시간이 많아졌고, 그 시간 동안 저에게 많은 변화가 일어났습니다. 하나님은 남자 친구의 힘든 부분을 하나님 안에서 고백하게 하셨고, 남자 친구에게 뜨거운 신앙을 주셨습니다. 우리 아빠 엄마도 알코올 중독자 치유 사역을 하신 덕분에 남자 친구의 가족 이야기를 마음으로 이해해 주셨습니다. 그리고 마침내 남자 친구가 가족을 버리고 집을 나간 알코올 중독자 아버지를 용서하고 마음에 평화를 갖게 되었습니다. 그런 놀라운 일을 겪으면서 어느 순간, 하나님께서 아빠를 불러 이 일을 하게 하신 이유가 다 나를 위한 것이었구나 하는 것을 깨달았습니다. '하나님의 뜻' 이 그저 아빠의 핑계인 줄로만 알았는데, 그것은 엄마 아빠를 위한 계획일 뿐 아니라, 제 마음을 하나님께로 돌리시려는 저를 위한 계획이었음을 알게 되었습니다. 그러던 어느 날 새벽 기도 시간에 '하나님이 우리 엄마 아빠 사랑하시는 만큼의 반만이라도 저를 사랑해 주세요. 저를 많이 사랑해 주세요.' 라는 기도를 드렸습니다. 순간 하염없이 눈물이 흘렀습니다. 하나님이 저를 따뜻하게 안아주시는 느낌이 들었고, 하나님은 제가 태어나는 그 순간부터 저를 똑같이, 어쩌면 부모님보다도 더 많이 저를 사랑하고 계셨다는 것을 깨닫게 되었습니다. 하나님께서는 언제나 저를 안아주셨는데 늘 제가 문을 닫고 외면했다는 것을 알았습니다. 기도하고 계시는 아빠에게 다가가 아빠를 껴안고 울었습니다. 그런 영적 변화를 겪고 나서 모교회의 여름 수양회에 참석하여 재헌신의 기도를 드렸습니다. 저도 이제는 하나님의 뜻대로 살 수 있겠다는 용기가 조금씩 생겨 났습니다. 신앙적으로 뜨거웠던 여름이었습니다.

그 후에는 아주 작은 일에도 감사하게 되었습니다. 좌절과 실패도 더 나은 것을 위한 도전의 기회로 생각하며 감사했습니다. 목사님 딸 같다는 말보다는 목사님 딸처럼 안 보인다는 말을 더 좋아했는데, 언젠가부터 저도 하나님의 사랑이 묻어나는 사람이 되고 싶어졌습니다. 저에게 있어서 신앙은 기쁜 일도, 힘든 일도 하나님 안에 있는 하나님의 계획이기에, 하루하루 많은 일들을 감사하며 받아들이는 힘이기에, 제가 건강하고 긍정적으로 살아가게 되는 것 같습니다."

'오오, 주님 감사합니다. 제 딸아이의 신앙을 회복시켜 주시니 감사합니다. 주님의 한 사람 한 사람에 대한 구원 계획은 참으로 절묘하고 오묘하나이다.'

딸의 간증을 들으며 높으신 주님을 찬양하지 않을 수 없었습니다. 이 사역 위에 주시는 주님의 은혜와 축복이 넘치고도 넘치는 순간이었습니다. 그것은 중독 치유 사역을 감당하는 자만이 누릴 수 있는 특권 중의 특권이요, 축복 중의 축복이었습니다. 딸아이에게 늘 미안한 마음이 있었는데 그 일로 제 마음이 시원해졌습니다.

Y형제의 구원과 내적 치유는 제가 딸아이에게 준 가장 큰 인생의 선물이 되었습니다. 땅 끝에서 누리는 축복이었습니다.

"주께서 주신 동산에 땀 흘리며 씨를 뿌리며
내 모든 삶을 드리리 내 사모하는 내 주님께
땅 끝에서 주님을 맞으리 주께 드릴 열매 가득 안고
땅 끝에서 주님을 뵈오리 주께 드릴 노래 가득 안고
땅의 모든 끝 찬양하라 주님 오실 날 예비하라
땅의 모든 끝에서 주님을 찬양하라
영광의 주님 곧 오시리라"

이무하 님의 '땅 끝에서'는 저희 가족, 교회, 공동체의 사랑받는 찬양곡이 되었습니다.

사명선언문

너희가 흠이 없고 순전하여……세상에서 그들 가운데 빛들로
나타내며 생명의 말씀을 밝혀 _ 빌 2:15-16

1. 생명을 담겠습니다
만드는 책에 주님 주신 생명을 담겠습니다.
그 책으로 복음을 선포하겠습니다.

2. 말씀을 밝히겠습니다
생명의 근본은 말씀입니다.
말씀을 밝혀 성도와 교회의 성장을 돕겠습니다.

3. 빛이 되겠습니다
시대와 영혼의 어두움을 밝혀 주님 앞으로 이끄는
빛이 되는 책을 만들겠습니다.

4. 순전히 행하겠습니다
책을 만들고 전하는 일과 경영하는 일에 부끄러움이 없는
정직함으로 행하겠습니다.

5. 끝까지 전파하겠습니다
모든 사람에게, 땅 끝까지, 주님 오시는 그날까지
복음을 전하는 사명을 다하겠습니다.

서점 안내

광화문점 서울시 종로구 새문안로 69 구세군회관 1층
02)737-2288(T) 02)737-4623(F)

강남점 서울시 서초구 신반포로 177 반포쇼핑타운 3동 2층
02)595-1211(T) 02)595-3549(F)

구로점 서울시 구로구 시흥대로 577 3층
02)858-8744(T) 02)838-0653(F)

노원점 서울시 노원구 동일로 1366 삼봉빌딩 지하 1층
02)938-7979(T) 02)3391-6169(F)

분당점 경기도 성남시 분당구 황새울로 315 대현빌딩 3층
031)707-5566(T) 031)707-4999(F)

신촌점 서울시 마포구 서강로 144 동인빌딩 8층
02)702-1411(T) 02)702-1131(F)

일산점 경기도 고양시 일산서구 중앙로 1391 레이크타운 지하 1층
031)916-8787(T) 031)916-8788(F)

의정부점 경기도 의정부시 청사로47번길 12 성산타워 3층
031)845-0600(T) 031) 852-6930(F)

인터넷서점 www.lifebook.co.kr